IT技術者の
能力限界の研究

ケイパビリティ・ビリーフの観点から

Katsutoshi Furuta
古田克利

日本評論社

まえがき

　IT技術者が活躍できる年齢には上限がある、という言説がある。例えば、現役のシステムエンジニア（SE）に対して、筆者がIT技術者の能力限界問題を研究していると言うと「"35歳定年説"の検証ですか？」と冗談交じりに聞き返されることが少なくない。また、経営学の分野においては、1990年前後から技術者の限界年齢意識の国際比較研究が行われてきた。これまでの研究が明らかにしたのは、『日本の技術者（IT技術者を含む）は、「40歳前後になれば技術者としての能力限界が訪れる」と意識している』ことである。このように、IT技術者は40歳前後に限界が訪れる、という日本の組織社会特有の共通意識（本書では、これを限界年齢意識と呼ぶ）が存在することは確かなようだ。しかし、一方で、40歳を超えて活躍するIT技術者が存在することも否定できない。実際に、40歳以上のIT技術者のほとんどが、人事考課において標準以上の評定を得ているとする報告がある（梅澤, 2000）。もっとも、これまでの研究が着目してきたのは、40歳前後の技術者の能力限界の有無ではなく、能力の限界が訪れる年齢に関する技術者の意識であった。つまり、IT技術者の年齢と能力の関係は、未だ明らかにされているわけではない。

　我が国では、IT技術人材の高齢化のさらなる進行が予測されている。その中で、IT技術者の限界が特定の年代で訪れるとする見方だけの議論が続けば、中高年IT技術者の有効活用への期待は縮小するばかりである。そして、それはIT産業の競争力低下をもたらす要因にもなり得る。中高年IT技術者の有効活用を図り、IT産業の競争力を高めるためには、日本特有の技術者の限界年齢意識だけに注目するのではなく、技術者個人の能力限界の有無、およびそれに影響を与える要因を明らかにする必要がある。

　このような問題意識に立ち、本書では、個人的発達要因・職場環境要因・産業構造要因と、IT技術者の能力限界感との関係を探ることとした。すなわち、年齢が能力限界感に及ぼす影響、そして、上司サポートや革新的職場

風土が能力限界感に与える効果、さらに、下請け構造に代表される産業構造と能力限界感の関連性を明らかにすることが、本書における3つの研究課題である。

第1の研究課題は、IT技術者の年齢（個人的発達要因）が本人の能力限界感に及ぼす影響を明らかにすることである。個人的発達要因の中でも年齢を取り上げた背景には、日本の技術者の限界年齢意識の存在がある。しかし、これまでの研究は、能力限界の出現が加齢によるものか、あるいは年齢に関わらず個人差によるものかにのみ焦点があてられていた点に限界があることは先に述べた通りである。そこで、本書では技術者本人の能力限界の知覚に着目し、それが年齢とともにどのように変化するかを探る。

第2の研究課題は、上司サポート、職場風土等のIT技術者を取り巻く職場環境要因が、本人の能力限界感に与える影響を明らかにすることである。IT技術者を対象とした先行研究の中には、職場環境要因がIT技術者の能力限界年齢意識に影響を与えることを示唆するものがある。しかし、これを定量的に実証した研究は乏しく、本人の能力限界感にまで言及したものは見当たらない。そこで、本書では本人の能力限界感に影響を及ぼす職場環境要因に着目し、定量的に検証する。

第3の研究課題は、下請け構造に代表されるIT企業特有の産業構造と、技術者本人の能力限界感との関係を明らかにすることである。我が国のIT技術者の多くは受託ソフトウェア業に在籍し、そこにはピラミッド型の分業構造が形成されている。また、先行研究から、下請け企業の企業規模は小さく、そこで働くIT技術者は、自律性および時間的余裕が制限されていることが明らかになっている。その状況では、設計工程やプロジェクト・マネジメントを経験できないばかりか、能力向上へのモチベーションが阻害されかねない。そこで本書では、IT企業特有の産業構造に着目し、本人の能力限界感との関係を明らかにする。

上記の3つの研究課題に対応する仮説を構築するために、本書では、ケイパビリティ・ビリーフの概念を手掛かりに、能力限界感の概念操作を行う。具体的には、①ネガティブなケイパビリティ・ビリーフ（能力発揮の限界感）と、②ポジティブなケイパビリティ・ビリーフ（能力発揮の効力感）の

2つの側面から能力限界感を捉える。つまり、本書では、能力限界を知覚する状態を「能力発揮の限界感が高く、能力発揮の効力感が低い状態」として測定する。このように、能力限界感を2次元(能力発揮の限界感、能力発揮の効力感)で捉えることに加え、個人的発達要因・職場環境要因および産業構造要因の3つの視点から、複合的かつ立体的に、IT技術者の成長と停滞に迫る点が、本書の特徴である。

ここでは、得られた結果のうち、2点を簡単に紹介しておきたい。第1に、IT技術者の能力発揮の限界感は、21歳から60歳まで高まり続ける。他方、能力発揮の効力感は、21歳から高まり続け40歳から50歳前後で一旦停滞傾向を示すものの、その後、再び上昇し続けることが示された。つまり、中高年IT技術者は、自身の能力に対する限界を感じる一方で、自信も保有していることが明らかになった。一般的に効力感は、本人が発揮するパフォーマンスの先行指標として知られている。それゆえ能力発揮の効力感が加齢に伴い高まり続けることを示した結果は、IT技術者のパフォーマンスが加齢に伴い必ずしも衰えないことを含意する。他方、我が国において、40歳前後の技術者に能力限界が訪れるとする集合的意識が形成されてきたことは、これまでの研究が明らかにした事実であり、本書の分析結果でも本人の能力発揮の限界感は加齢に伴い高まることが示された。一見、矛盾するこれら2つの事実が示唆することは、次の通りである。すなわち、IT技術者の能力限界問題の根底には、40歳前後の技術者のパフォーマンスにその要因があるのではない。むしろ、周囲が40歳前後の技術者に与える期待や働かせ方にこそ本質的な要因があるのではないか。

第2に、下請け企業のIT技術者は、元請け企業のIT技術者に比べて能力限界感が高く、その差は自律性および多忙感を統制することで説明することができた。また、受託ソフトウェア業のIT技術者は、製造業の研究開発技術者よりも能力限界感が高く、その差も自律性および多忙感によって説明された。この結果から、次のような実践的含意が得られる。すなわち、自律性を高め、また多忙感を減少させることが、受託ソフトウェア業で働くIT技術者のマネジメント施策上の鍵となる。詳細な分析方法や、その他の結果については、本文を参照頂きたい。

本書の執筆にあたりお世話になった方々と、これまで私のキャリアを支えてくださってきた多くの方々への感謝の意を表したい。まず、本書の元になった研究を遂行するにあたり、終始あたたかいご指導と激励を賜った藤本哲史教授（同志社大学大学院総合政策科学研究科）に、心から感謝申し上げる。藤本先生からは、研究の初期段階から現在に至るまでの間に、理論的アプローチの基本哲学や、統計的手法とその意味づけを徹底的に叩き込んで頂いた。特に、共同研究プロジェクトへの参画や、国内外での学会発表の機会を藤本先生から授かったことは、経験を通して学ぶことの意義を実感できたことに加え、研究遂行に対するモチベーションを高め維持するうえで、何より重要な支援であったと思う。次に、同志社大学政策学部の川口章、久保真人両教授には、本書の元となった学位論文の資格審査および本審査にあたり、貴重なご指導を賜った。心から感謝申し上げたい。さらに、中田喜文教授（同志社大学大学院総合政策科学研究科）には、IT技術者を研究対象とした共同研究プロジェクトへの参画機会を与えて頂いた。研究会での議論を通じて得られた示唆は数多く、そのいくつかは、本書にも反映されている。中田先生と、共同プロジェクトに参加された先生方に深く感謝申し上げる。

　北居明教授（甲南大学経営学部）からは、修士時代にゼミの指導を通じて、研究活動の奥深さ、面白さを教えて頂いた。研究者としてのキャリアを歩むきっかけを与えてくださった北居先生に、心から深く感謝申し上げたい。学会活動等を通じて知り合った研究者の方々、そしてたくさんの実務家の方々からも、多くのご協力・ご支援を頂いた。一人ひとりのお名前をあげることは紙幅の限界があり困難であることを、ご容赦願いたい。

　本書の出版の機会を与えてくださった日本評論社の高橋耕様、小川敏明様には、科学研究費助成事業（研究成果公開促進費）への応募の段階から出版に至るすべての過程において、丁寧な支援を頂いた。深く感謝申し上げる。なお、本書は、JSPS科研費26380552およびJSPS科研費16HP5157の助成を受けたものである。最後に、私の研究生活を支えてくれている家族に心から感謝する。

目 次

まえがき　i

第1章　研究の目的と全体構成 …………………………………………… 1
　第1節　目的　1
　第2節　背景と問題意識　2
　第3節　分析の枠組み　5
　第4節　全体の構成　6

第2章　IT技術者の能力限界問題 ……………………………………… 9
　第1節　技術者を取り巻く社会環境　9
　第2節　企業における技術者の人材類型　12
　第3節　IT技術者の定義　16
　第4節　IT技術者のキャリア形成　19
　第5節　能力限界感を強める2つの鍵要因の導出　25
　第6節　能力限界感の個人的発達要因の検討（研究課題1）　28
　第7節　能力限界感の職場環境要因の検討（研究課題2）　31
　第8節　能力限界感の産業構造要因の検討（研究課題3）　34
　第9節　小括　45

第3章　能力限界問題の理論的フレームワーク ……………………… 47
　第1節　ケイパビリティ・ビリーフ　47
　第2節　キャリア・プラトー理論　52
　第3節　自己効力感理論　57

第4章　仮説の構築 ……………………………………………………… 63
　第1節　個人的発達要因に関する作業仮説　64
　第2節　職場環境要因に関する作業仮説　66
　第3節　産業構造要因に関する作業仮説　70

第5章　方法 ……………………………………………………………… 77
第1節　分析に用いるデータ　77
第2節　データ全体の特徴　77
第3節　IT技術者の特徴　80
第4節　変数の操作化　85
第5節　能力限界感の記述統計量　89

第6章　個人的発達要因に関する実証分析 ……………………………… 91
第1節　はじめに　91
第2節　能力限界感の比較（IT技術者とその他の技術者）　92
第3節　分析結果　95
第4節　小括　100

第7章　職場環境要因に関する実証分析 ………………………………… 103
第1節　はじめに　103
第2節　分析概念の操作化　103
第3節　分析結果　106
第4節　小括　113

第8章　産業構造要因に関する実証分析 ………………………………… 117
第1節　はじめに　117
第2節　分析概念の操作化　118
第3節　分析結果　122
第4節　小括　128

第9章　考察とまとめ …………………………………………………… 131
第1節　本書の結果の整理　131
第2節　理論的含意　136
第3節　実践的含意　138
第4節　残された課題　141

参考文献　144

IT技術者の能力限界の研究
ケイパビリティ・ビリーフの観点から

第1章 研究の目的と全体構成

第1節 目的

　本書の目的は、日本のIT技術者のキャリア発達課題、とりわけ能力限界問題を取り上げ、IT技術者の年齢、職場環境、産業構造と、能力限界感との関係を探ることにある。特に、①IT技術者の年齢（個人的発達要因）が個人の能力限界感に及ぼす影響、②上司サポート、職場風土等のIT技術者を取り巻く職場環境（職場環境要因）が個人の能力限界感に与える効果、そして③元請け、下請け等のIT企業に特徴的な産業構造（産業構造要因）と、個人の能力限界感との関連性を明らかにする。

　本書の特徴は、IT技術者の能力限界感をケイパビリティ・ビリーフ（capability beliefs）の視点から捉える点にある。ケイパビリティ・ビリーフとは、自身の能力に対する信念を意味する（Ford, 1992）。この概念を通して、本書では、IT技術者の能力限界感を「能力発揮への限界に対する信念（能力発揮の限界感）」と「能力を発揮することができることに対する信念（能力発揮の効力感）」の2側面から捉え直す。そして、能力発揮の限界感、効力感の2側面に加え、上記で述べた年齢、職場環境、産業構造の3つの視点から複合的かつ立体的にIT技術者の能力限界感に迫ることにより、学術的な意

味での新規性に留まらない実践的な研究成果の創出を目指す。

第2節　背景と問題意識

(1) 能力限界年齢意識研究の限界

　日本の技術者のキャリア発達の問題を語るうえで、避けて通れない課題のひとつとして、技術者の能力限界年齢意識の問題があげられる（石田, 2002; 日本生産性本部, 1991b; McCormick, 1995）。これは、日本の技術者は30歳台後半から40歳台前半に能力限界を意識し始める一方、欧米各国の技術者は特定の年齢による能力限界の出現を意識していないという、一連の調査結果から見出された共通の現象を指す。もっとも、これらの調査は、技術者個人の能力限界そのものの有無を技術者本人に問うているものではなく、技術者一般の能力限界の出現が年齢によるものか、あるいは個人差によるものかの意識を国際比較しているに過ぎない。

　確かに日本の技術者は、職場で働く身近な上司や先輩が40歳前後の時期に能力発揮に対する自信をなくし、成長が停滞しているように見えることを通じて、学習的に能力限界年齢意識を形成しているとも考えられる。しかし、だからと言って、40歳前後の技術者が一斉に能力の限界を知覚し始めるとは断言できない。この点は、能力限界年齢意識研究の限界でもある。

　そこで本書では、技術者本人が知覚する能力限界、すなわち能力限界感に着目することとした。言い換えると、これまでの研究が職業を括りとする集合的意識に注目していたことに対して、本書では個人の意識を取り上げる。新たな視点からIT技術者の能力限界問題にアプローチすることで、これまでの技術人材のマネジメント研究にはなかった新たな知見を加えようとする試みであり、本書の第1の学術的意義はこの点にあるといえる。

　さらに、これまでの能力限界年齢意識を扱った研究では、その要因が加齢に伴う生物学的で不可避的な限界によるものか、それ以外の理由（例えば、技術者を取り巻く環境等）によるものか、明らかにされているわけではない。つまり、これまでの研究は、技術者の能力限界意識の要因を個人の年齢にのみ帰着させる議論に留まっていた点に限界がある。

そこで本書では、技術者の能力限界感に焦点をあてることに加え、個人を取り巻く環境が個人の能力限界感に与える影響にも着目する。言い換えると、行動（客観的に捉えることのできないような個人の意識を含む）は、それが生起する環境あるいは文脈との相互作用を通して理解されなければならないという行動主義の立場から、能力限界問題にアプローチする。この立場を取ることで、これまでの研究で明らかにされなかった、能力限界問題に影響を及ぼす新たな要因について検討することが可能となる。本書の第2の学術的意義は、この点にある。

もちろん、McCormick（1995）等が明らかにした日本社会に特有ともいえる能力限界年齢意識の存在は、何らかの社会的要因がそこに潜在することを容易に想像させるものである。また、福谷（2007）のように、能力限界年齢意識が生じる理由を日本社会の特徴から考察した研究もある。しかしながら、それらの考察が十分に検証されないまま、技術者の多くは40歳前後で能力限界を迎えるものとして企業から処遇され、専門職としての中高年技術者はあたかも不要人材としてみなされている現実が垣間見える。この点に関する現状分析については、第2章で行う。

我が国における技術人材の高齢化のさらなる進行が予測される（経済産業省,2012）中、技術者の能力限界問題への有効なマネジメント施策が打てない状況が続けば、中高年技術者の有効活用が期待できないばかりか、日本の科学技術産業において経済的価値の損失を生み出し続けることになりかねない。個人の能力限界感に及ぼす年齢の影響や、能力限界感を生起させる職場環境要因を明らかにすることは、技術者のキャリア開発の成長を促し、停滞を解消するために企業が取り得るマネジメント施策の幅を広げる。この点が、日本の科学技術産業に対する本書の実践的な貢献である。

(2) 生涯発達心理学研究の限界

加齢に伴う一般的な能力低下の問題に関しては、生涯発達心理学の分野において多くの研究蓄積がある。ここでは、生涯発達心理学の分野における知見と限界に触れておきたい。中高年以降の能力発達に関する代表的な研究として、流動性知能と結晶性知能の発達モデルがあげられる。Horn & Cattell

(1967)によると、人の知能は流動性知能と結晶性知能という性質の異なる2つの知能に分けることができるという。

流動性知能は推論に代表される情報処理能力で、いわゆる頭の回転の速さや思考の柔軟さに相当する。この能力は脳の神経学的・生理学的機能と結びついているとされ、知能検査が考え出された当初から知能の中心的な要素とされた。他方、結晶性知能は言葉の知識や運用能力、経験を通じて獲得される一般的知識からなる。この能力は広い意味での教育を通じて個人が社会によって文化化（acculturation）された結果を反映しており、集合的知能として特徴づけられる。

両者は加齢による変化の仕方が大きく異なり、流動性知能は中年期の低下が顕著であるのに対して、結晶性知能は高齢期に至るまで、かなり安定しているとした。このような2種類の加齢曲線は、古典的加齢パターンと呼ばれる。

一方、Schaie（2005）は1956年から1998年の間、25歳から81歳までの年齢集団を対象にした縦断調査を行い、Hornらの知能の古典的加齢パターンへの反論を展開した。具体的には、第1に、流動性知能は加齢に伴い低下することなく安定している。第2に、流動性知能のピークは46歳と53歳にあり、25歳の得点よりも有意に高い。第3に、全体の平均データと、個々のデータとを比較すると、加齢につれて知能の安定している人と、低下する人との間で個人差が拡大する。以上の点から、現在、生涯発達心理学においては、能力の発揮の仕方などの加齢プロセスには、主体性の働く余地が可塑性として織り込まれているという考え方が主流となっている（鈴木, 2008）。

本書では、上記で述べた能力の発揮の仕方などの加齢プロセスには、主体性の働く余地が可塑性として織り込まれているという考え方に依って立ち、技術者の能力限界感は加齢に伴い一律に生じるものではなく、個人が置かれる文脈の違いから生じるものであることを主張したい。さらに行動主義の立場から、この文脈の違いは個人の主体性の背後に存在する職場環境の違い、すなわちマネジメントの仕方の違いであることを主張する。言い換えると、加齢に伴う技術者の能力限界感の高まりは、発達上避けられない宿命ではなく、技術者の働かせ方やマネジメントにその根源を持つ政策的に介入可能な

問題である、という問題意識に立ち研究を進める。この点が、本書の第3の学術的意義であり、生涯発達心理学研究に対する学術的貢献となる。

第3節　分析の枠組み

　本書の問題意識は、前節で述べたように、技術者の能力限界感の高まりは加齢に伴い一律的に生じる宿命論的な現象として説明されるだけではなく、技術者の働かせ方やマネジメントにも関係する政策的に介入可能な問題であるという主張にある。これを、分析を通して客観的に明らかにしていくために、本書の研究枠組みをいくつか明示しておく必要がある。

　ひとつは、本書の分析対象者である。技術者全般の能力限界問題を視野に入れてはいるものの、対象をある程度限定することで問題がより鮮明に描き出される。詳細は後述するが、本書では、技術者の多様性に留意しつつ、知識・情報社会において注目すべき特徴を備えた技術者の代表的職種として、IT技術者に焦点をあてる。また、年齢や個人を取り巻く環境とIT技術者の能力限界感との関連性を検討するだけでは、得られた知見がIT技術者特有のものであることを証明したことにはならない。このため、本書では、他の技術者との比較を通して、IT技術者の特徴を描き出すことも検討の範囲に含めたい。なお、本書におけるIT技術者の範囲は「あらゆる産業の中で、ソフトウェア技術を用いたシステム（商品・サービスを含む）を構築する一連の業務に携わる技術者」を指すが、詳細な定義は第2章で述べる。

　次に、現実世界における問題意識を抽象世界における分析的枠組みに昇華させるために、能力限界感を捉える学術的概念を導入する必要がある。本書では、ケイパビリティ・ビリーフの概念を導入し、その観点からIT技術者の能力限界感を捉える。ケイパビリティ・ビリーフとは社会認知心理学に源を持つ概念であり、「ある目的を達成するために必要となる能力保有に対する信念」（Ford, 1992）を意味する。そこで本書では、IT技術者の能力限界感を、能力発揮への限界に対する信念（能力発揮の限界感）と、能力を発揮できることに対する信念（能力発揮の効力感）の2つの側面から捉える。つまり、能力限界感を知覚している状態を、能力発揮への限界に対する信念

（能力発揮の限界感）が高い状態と解釈すると同時に、能力を発揮できることに対する信念（能力発揮の効力感）が低い状態としても捉えるわけである。このように能力限界感を限界感、効力感の2次元で捉えることで、これまでの研究では記述しきれなかったIT技術者の能力限界感の様相を、より豊かに描き出すことが可能となる。

　最後に、仮説モデルの導出にあたり、本書の学術的立場と、依拠する理論群に触れておきたい。本書は、組織行動論（OB）の立場から、IT技術者の能力限界問題に迫る。具体的には、組織内のIT技術者の能力限界感に焦点をあて、IT技術者のパフォーマンスを高めるためのマネジメントのあり方の解明を目指す。その方法として、IT技術者の年齢、職場環境、産業構造と能力限界感との関係を探る。能力への限界感、効力感の2次元に加え、個人的発達要因、職場環境要因、産業構造要因の3つの視点から複合的かつ立体的にIT技術者の能力限界感にアプローチするにあたり、本書では先に述べたケイパビリティ・ビリーフという概念を中心軸に置き、これに関連する理論群を用いて検証仮説を導き出す。具体的には、キャリア・プラトー理論と自己効力感理論に依拠した仮説モデルを構築する。

第4節　全体の構成

　本書は、先行研究のレビューを通じた研究課題の整理、諸理論を基盤とした仮説モデルの導出、および実証データを用いた仮説モデルの検証のステップを踏む。第2章では、IT技術者のみならず技術者全般にまで視野を広げ、日本の技術者を取り巻く社会環境を概観する。そのうえで、本書がIT技術者に着目する理由を述べる。また、本書におけるIT技術者の範囲を明示し、IT技術者の能力限界問題に関する先行研究をレビューする。そして、本書がIT技術者の主観的な能力限界感と年齢、職場環境、産業構造との関連性について着目する根拠を述べ、本書の研究課題を設定する。

　第3章では、IT技術者の能力限界現象を理論的に枠組化するにあたり、ケイパビリティ・ビリーフの概念、キャリア・プラトー理論および自己効力感理論を取り上げ、これらに関する先行研究をレビューする。続く第4章お

よび第5章では、先行研究から導き出される仮説モデルを提示する。仮説モデルの提示にあたり、年齢、職場環境、産業構造の3つの視点に対応する検証モデルとして、個人的発達要因モデル、職場環境要因モデル、および産業構造要因モデルに分けて論じる。また、仮説モデルの妥当性を検証する方法論についても言及する。第6章、第7章および第8章において、個人的発達要因、職場環境要因、産業構造要因の各モデルの実証分析を行う。最後に第9章では、本書のまとめとして、結果の考察および今後の課題について述べる。

第2章　IT技術者の能力限界問題

　本章では、IT技術者の能力限界問題に関する先行研究をレビューしたうえで、本書の研究課題を整理する。第1節ではIT技術者のみならず幅広い技術者にまで視野を広げ、日本の技術者を取り巻く社会環境を概観する。そして、なぜ今、技術者の能力限界問題に着目する必要があるのかを述べる。第2節では、企業における技術者全般の人材類型と特徴に関する先行研究を整理したうえで、本書がIT技術者に着目する理由を述べる。続く第3節では本書におけるIT技術者の範囲を定義し、第4節で望ましいIT技術者のキャリア形成のあり方について議論する。最後に、第5節から第7節にかけて技術者の能力限界年齢意識の研究、および能力限界感に影響を及ぼすと考えられる職場環境と産業構造に関する先行研究のレビューを行い、本書の研究課題を述べる。

第1節　技術者を取り巻く社会環境

　少子高齢化、資源・エネルギー問題など、いずれ世界の国々が直面することになるであろう諸問題に真っ先に取り組まざるを得ない状況にある日本の立場を指して「課題先進国」と呼ぶことがある。これは、ひとつの国が衰退の危機に立たされていると同時に、世界に先駆けて課題を解決することがで

きれば、新たな成長分野で世界の先頭に立つ絶好の機会を前にしている状況にあると捉えることもできる。

しかしながら、1990年代のバブル崩壊以降20年以上も続いた経済の低迷は、少子高齢化社会の到来と相まって日本の経済社会に深刻な影響をもたらしている。すなわちデフレが長期化し、それが企業の設備投資や賃金の抑制等、経済全体を縮小させる方向に進み、さらなるデフレを招くといった負のスパイラルから抜け出せない状況が続いていた。

負のスパイラルから抜け出すために、日本が取り組むべき課題は何であったのか。経済が長期停滞に陥ったこの期間を指して「失われた20年」と言われることもあるが、2013年に日本経済再生本部が発表した日本再興戦略（成長戦略）では、これらの経済的なロスよりも、企業経営者や国民個人がかつての自信を失い将来への希望を持てなくなっていることの方がはるかに深刻であるとの懸念が示されている（日本経済再生本部, 2013）。つまり、経済的価値の創出による経済成長もさることながら、その根底にある自信や期待といった個々人の信念に政策の問題意識が向けられているのである。

こうした背景のもと、2013年に政権交代のあった日本政府は金融政策・財政政策・成長戦略という3本の矢を掲げ「強い日本」に向けた改革を進めている。そして3本の矢の中で、特に成長戦略の果たすべき役割が、先にあげた企業経営者そして国民一人ひとりの自信を回復することにあるとしている。

では、これを実現するために、どのような成長戦略が描かれているのか。もう少し具体的な成長戦略の姿を確認しておきたい。この成長戦略を実行・実現するものとして「日本産業再興プラン」「戦略市場創造プラン」「国際展開戦略」という3つのアクションプランが提示されており、中でも「日本産業再興プラン」は他の2つのプランの土台として位置づけられ直ちに実行すべきプランとして示されている。この「日本産業再興プラン」では産業の新陳代謝の促進、人材力の強化、科学技術イノベーションの推進、世界最高水準のIT社会の実現等、6つの具体的施策が策定されている。これらの施策からは、少資源国家である日本において、人材こそが世界に誇る最大の資源であることが再認識されると同時に日本が得意とする科学技術分野で世界に勝てる人材を多く生み出そうとする、政策の大きな方向性を読み取ることが

できる。それはまた、技術者への国あるいは国民から寄せられた大きな期待感の表れとして受け取ることもできる。

　しかしながら、技術者を含めた日本の科学技術人材を取り巻く環境は厳しい。三陸沖を震源とする「2011年東北地方太平洋沖地震」は東北地方を中心として関東までの広い範囲に深刻な人的および物的な被害をもたらしたばかりか、東京電力福島第一原子力発電所の事故を引き起こし、広範囲な地域に放射性物質が拡散するという我が国が経験したことがない深刻な大災害を生じさせた。2万人に迫る死者・行方不明者という地震・津波による被害を少しでも小さくすることができなかったのか、また原子力発電所の事故とその後の汚染水漏れは防ぎ得ないものであったのか。『平成24年版科学技術白書』（文部科学省, 2012）は、東日本大震災を機に、科学技術人材に対する国民の信頼感が急激に低下していることを指摘している。

　さらに科学技術に係る国際競争力等のランキングにおける指標では、研究開発費等の研究開発に関わるインプット指標などは世界トップクラスを示す一方、総合的評価のひとつである「技術革新力ランキング」は毎年顕著な低下傾向にある（文部科学省, 2013）。この傾向は、第4期科学技術基本計画（2011年8月に閣議決定）で示された「個々の成果が社会的な課題の達成に必ずしも結びついていない」との指摘を裏付けるものとして読み取ることもできそうである。またこれらの調査結果を企業組織単位に落とし込んで見た場合、技術者個々人の持つ能力を企業組織の中で十分に活かしきれていない結果の表れと受け止めることもできよう。

　以上、「課題先進国」として今日本は世界の国々に先立つ取り組みの中にあり、そこでは個人の自信回復や将来への期待を行動へと変えるための成長戦略が策定されていること、またその成長戦略では日本が得意とする科学・技術分野で世界に勝てる人材を多く生み出すことに重点が置かれていることを見てきた。これは、日本の成長戦略の具体的かつ重要施策のひとつに、技術者のより一層の成長の促進に向けた取り組みが位置づけられていることを意味する。

　一方で、日本の技術者の成長への期待と裏腹に、彼らは国民からの信頼低下にさらされ、また社会や組織の中で技術者個々人の能力発揮が難しくなっ

ているのではないかと思われる調査結果を確認した。この結果は、日本企業の技術者の成長が停滞状態に陥っていることを示唆するものと解釈することもできる。すなわち、技術者の成長と停滞の問題は、「課題先進国」日本が今直面する最重要課題であり、これを解決することは日本の成長のみならず、世界の国々がいずれ直面するであろう諸問題の解決にあたり、有益な示唆を与えるものと考える。

第2節　企業における技術者の人材類型

　前節では、本書の背景には日本企業の技術者の成長と停滞の問題があること、またこれを解決することが日本の成長に留まらず、世界の国々がいずれ直面するであろう諸問題の解決に有益な示唆を与えるものになるという考えを述べた。それゆえ本書では、技術者の成長を促し停滞を解消するための政策、特に技術人材のマネジメントのあり方に焦点をあてることとしたい。
　しかしながら、そもそも技術者の範囲あるいは成長や停滞とは何かを検討するだけでも、大きな研究テーマになり得る。また取り扱う問題の対象が抽象的かつ広範囲なままでは、問題の解明に向けた十分な示唆を得ることが期待できないばかりか、本来見えてくるべき現象が、対象を限定しないために明確な結果として姿を現さない可能性も高まる。そこで本節では、技術者全般の類型および特徴に関するレビューを行い、本書がIT技術者に着目する理由を述べる。
　今日において、企業で活動する技術者の様態は多様である。企業内の研究開発工程に従えば、基礎研究に近い分野を担当する者や基盤技術を製品化に結びつけるための応用研究を担う者、具体的な製品として結実させるための開発・設計を担う者など、いくつかの人材類型に分けることができる。また、企業が生み出す製品の特性に従えば、ハードウェア技術者とソフトウェア技術者に大きく分かれるるであろうし、ハードウェア技術者の中でもその製造物によって必要となる専門的能力の違いに従い人材類型も分かれてくるであろう。ここでは内藤（2009）と福谷（2007）の研究を概観し、技術者全般の人材類型と特徴を見る。

(1) 内藤の研究

内藤（2009）は、日本の電機連合加盟組合に対応する企業7社の人事部門、管理・企画部門の管理職層に対してヒアリング調査を実施し、研究職、設計・開発職、SE（システムエンジニア）職の3職種について、それぞれに期待される役割やキャリア・パスの特徴を明らかにした。まず期待される役割についてみると、各社が想定する技術者像は、高い技術的能力だけではなく技術を具体的な商品化に結びつけていくというような、いわばビジネスを主体的に進めることができる能力を持つ技術者であった。このような技術者を内藤はビジネス・プロフェッショナルと名づけて、各企業が研究職、設計・開発職、SE職の違いに関わらず、ビジネス・プロフェッショナルを求めていることを明らかにしている。これを裏付ける研究として、三輪（2001）は高い技術的能力の獲得だけでなく、マネジメントにも熱心に取り組む志向性を持つSEが高い仕事の成果をあげていることを実証している。

一方、キャリア・パスの特徴を見ると、職種による差異が存在し、研究職および設計・開発職の2つの職種と、SE職とでは明らかに異なる。研究職および設計・開発職は、入社後一定期間は主に技術的能力を伸ばすことを基本とし「一人前担当者」のレベルに達した後に、およそ3つのキャリア・パスへ分かれ、各タイプに応じて各種の能力を伸ばしていく。

ここでいう3つのキャリア・パスとは、表2-1の技術者のキャリア形成タイプに基づく。すなわち、組織運営など技術以外の能力を伸ばし、担当技術を商品に結びつけるなど、ビジネスを主体的に進める役割を担うタイプ（Aタイプ）、技術以外の能力もある程度伸ばしながら主に高度な技術的能力を身につけていき、特定技術でのコア・コンピタンスを主体的に確立する役割を担うタイプ（Bタイプ）、および、Bタイプよりもさらに技術的能力のみに特化した特定の分野について、第一人者的な専門職の役割を担うタイプ（Cタイプ）である。

これに対してSE職は、入社時から技術的能力と技術以外の能力の両方をバランスよく伸ばしていく。その理由は、SE職は顧客先に出向いて提案を行うなど常に顧客とのコミュニケーションが絡む仕事が多いため、入社数年でコミュニケーション能力などの対人能力の面で高いレベルに到達する必要

表2-1 技術者のキャリア形成タイプ

Aタイプ	組織運営など技術以外の能力を伸ばし、担当技術を商品に結びつけるなど、ビジネスを主体的に進める役割を担うタイプ。「ビジネス・プロフェッショナル」ということができ、最終的には事業部門の部門長などに至るキャリアがあてはまる。
Bタイプ	技術以外の能力もある程度伸ばしながら主に高度な技術的能力を身につけていき、特定技術でのコア・コンピタンス（他者にまねできない核となる能力）を主体的に確立する役割を担うタイプ。「技術・プロフェッショナル」ということができ、技術フェローなどがあてはまる。
Cタイプ	Bタイプよりもさらに技術的能力のみに特化した特定の分野について第一人者的な専門職、エンジニアである。Bタイプとの違いは技術的能力と技術以外の能力のバランスの違いというよりは、技術的能力の深さの違いということもできる。

内藤（2009）を参考に作成

があるためである。またSE職では、管理職になる年齢が35歳前後と、他の職種に比べて5歳前後早くなっているという。

(2) 福谷の研究

　福谷（2007）は、これから必要とされる研究開発技術者の具体像を、研究開発技術者の活動領域と専門能力の2軸から整理している。研究開発技術者の活動領域には、①研究、②研究開発、③開発の3つがあり、研究開発技術者の専門能力には、①管理職、②専門職の2つがある。これらの活動領域と専門能力のマトリックスから、AからFの6タイプが考えられるとした。そして、それぞれのタイプで最も重視される能力を整理したものが表2-2である。

　これら6つのタイプは互いの境界が若干重なる部分があるものの、期待される役割の違いは歴然としている。さらに福谷（2007）は、上記のタイプの多元化を特定企業内で時系列に整理し、その評価基準や昇進についても職務特性に応じて層別化することを提案する。例えば、専門家（スペシャリスト）、科学者（サイエンティスト）、企画開発者（プロデューサー）、開発管理者（マネジャー）等のキャリア・パスを設定する。そして、専門職掌ルート（専門家、科学者等）では研究所に所属させ、技術知識を当該企業に提供し貢献するキャリアを歩ませる。また、企画開発職掌ルート（企画開発者等）では、プロデューサーとして研究企画や開発企画部門に所属させる。さらに開発管

表2-2 活動領域と専門能力によるタイプ分けと求められる能力

	研究領域	研究開発領域	開発領域
管理職	Aタイプ 研究の全体像をつかみ、進むべき方向を見据えるとともに、メンバーの視野を広げ、壁を打ち破る手助けをする力	Bタイプ 研究と開発のバランスを取りながら、重心のかけ方を調整するとともに、メンバーの能力特性を把握し、各人に的確な課題を配分する力	Cタイプ 納期に向かって全体の進捗状況を把握し、調整するとともに、仕事の進捗状況を把握し、メンバー間の課題の配分を的確に調整する力
専門職	Dタイプ 自らの発想と能力に自信を持ち、粘り強く困難に立ち向かう力	Eタイプ 粘り強さと柔軟さを自在に使い分けることのできる力	Fタイプ 納期を優先して、問題を柔軟に解決していく力

福谷（2007）を参考に作成

理職掌ルート（開発管理者等）では、部門の予算と人事を統括するといった役割を持たせることで、技術者の能力を発揮させるという。

　福谷（2007）の主張を要約すると、次の通りである。すなわち、これまでの日本企業ではキャッチ・アップ型技術経営のもと、10年から15年という長い時間をかけて技術者の適性を慎重に見極めてきたが、現在のフロント・ランナー型技術経営の時代には、比較的早い時期に研究開発技術者の適性を判断して、適性の高い分野の職務に専念させることが重要であるというものだ。

　福谷（2007）の主張は、言い換えれば人事制度のデュアル・ラダー化を推奨するものである。デュアル・ラダー化とは、企業内の人事制度（特にキャリア・パス）が、管理職として昇進するマネジリアル・ラダーと、専門職のまま昇進し続けるテクニカル・ラダーとに複線化されていることを表す。

　しかし、アメリカおける技術者のキャリア・パスは、デュアル・ラダー化された人事制度に則った形で形成されることが一般的であるのに対し、日本の人事制度ではデュアル・ラダー化された人事制度は存在するものの、実態として不完全であると指摘する先行研究が多い（田路, 2013）。具体的には、専門職のまま昇進し続けるテクニカル・ラダーが、日本で機能しないことが明らかにされてきたのである。

テクニカル・ラダーが日本で機能しない理由のひとつには、内藤（2009）が指摘した、日本企業が共有する技術者への期待、すなわち技術者に対するビジネス・プロフェッショナル像への期待があると考えられる。つまり、現在の日本企業の中では、一定の経験を積んだ技術者は、純粋な技術者としてそれ以上のテクニカル・ラダーを上ることよりも、マネジリアル・ラダーへの乗り換えが期待される。この点については、第4節で詳細に論じる。

(3) 小括

技術者全般の人材類型と特徴に関し、内藤（2009）と福谷（2007）の研究を概観した。これらの研究からは、技術者という概念の表す領域は幅広く、また期待される役割も様々である一方、研究職および設計・開発職とSE職とではキャリア・パスの形成のされ方が異なる等の特徴も見えてきた。

このため、技術者を一括りにして研究対象にすると、本来そこに存在する関係性が、対象を限定しないために明確な分析結果として表れてこない可能性が高まる。これを防ぐために、本書では技術者の多様性に留意しつつも、知識・情報社会において注目すべき特徴を備えた技術者として、また先述した成長戦略の中で「産業競争力の源泉となるハイレベルなIT人材の育成・確保が急務」とされていることを鑑み、その代表的な例としてIT技術者を取り上げ具体的な研究対象とする。ただし、IT技術者を対象とした仮説実証型の分析を深めていくものの、そのプロセスの中で他の技術者との比較を通して、IT技術者の特徴が浮かび立つような記述、分析および考察を加えていきたい。

第3節　IT技術者の定義

本節では、IT技術者の定義に関する先行研究をレビューし、本書におけるIT技術者の範囲を明確にする。IT技術者といっても、この数十年の間に様々な職種が生まれ、その概念はますます幅広いものになっている。

昭和30年代の中ごろ、日本のコンピュータ利用の黎明期には、プログラマーはオペレーターでもありシステム・アナリストないしはエンジニアでもあ

った（下田, 1988）。1970年代に起きた LSI 革命によって、ハードウェアの性能は飛躍的に向上し、コンピュータの基本ソフトウェアが巨大化するにつれて、言語、ユーティリティ・プログラムを含むシステム・ソフトウェアまわりの専門的ソフト技術者が出現するようになる。こうした専門的ソフト技術者の出現と同時に、アプリケーション・ソフトウェア開発にあたる SE（システムエンジニア）の種類も多様化してきた。

現在の IT 産業は、ハードウェアやソフトウェアといった「製品単体」から、顧客企業が求める課題解決に対してビジネス戦略やソリューションを提案し実現する「サービス」まで、幅広く展開している。こうしたビジネス環境の変化を背景に、情報サービス産業を中心とした多くの企業が IT スキルを明確化できる具体的な指標を必要としていたが、それを実現する実用的な指標が存在しなかった。2002年に、ようやく独立行政法人情報処理推進機構により IT スキル標準が策定され、11の IT 職種とスキルの詳細が定められた。現在では IT スキル標準 v3 2011が公開されている（情報処理推進機構, 2012）。

しかし、IT スキル標準で定められた職種は一定の汎用性を持った形で定義されているため、そのままの形であらゆる IT 企業に適用できるわけではない。すなわち、IT スキル標準で定義された職種や能力を適宜参照しながら、各企業がそれぞれの事業特性に応じた、独自の人材体系を定義する必要がある。なお、本書では情報処理推進機構（2012）に基づき、IT スキル標準という言葉を一般名称として用いる。また、以降では、スキルと能力は相互に互換性を有する言葉として用いることとする。

他方、IT スキル標準と並行する形で、経済産業省から高度 IT 人材に求められる能力や役割の観点から整理された人材育成・評価の枠組みとして、共通キャリア・スキルフレームワークが公開されている（経済産業省, 2008）。共通キャリア・スキルフレームワークが作成された目的は、次の通りである。すなわち、IT スキル標準、組込みスキル標準、および情報システムユーザースキル標準の3スキル標準や、情報処理技術者試験など、各種 IT 人材評価指標が参照すべき共通のモデルを提供すること。さらに IT 人材に対しては、異なる業務ドメインや職種へ移っても、元の職種でのレベルと新たな職

表2-3 共通キャリア・スキルフレームワークと職種の対応関係

共通キャリア・スキルフレームワーク		IT スキル標準で定義されている職種
人材類型	人材像	
基本戦略系	ストラテジスト	マーケティングセールス
		コンサルタント
ソリューション系	システムアーキテクト	IT アーキテクト
	プロジェクト・マネージャ	プロジェクト・マネジメント
	テクニカルスペシャリスト	IT スペシャリスト
		アプリケーション・スペシャリスト
		ソフトウェア・ディベロップメント
	サービスマネージャ	カスタマサービス
		IT サービス・マネジメント
クリエーション系	クリエータ	（記述なし）
その他		エディケーション

情報処理推進機構（2012）を参考に作成。職種名称は、引用元の表記に従う。以下同

種でのレベルの相違や、求められる能力の相違の理解を可能とし、プロフェッショナルとしての成長目標に資する枠組みを提供することである。共通キャリア・スキルフレームワークで定義された人材像と、IT スキル標準で定義された職種の対応関係を表2-3に示す。

　一般的に、プログラマーと称される技術者は、IT スキル標準の職種で言えば IT スペシャリスト、アプリケーション・スペシャリスト、ソフトウェア・ディベロップメントのそれぞれの職種に含まれる。また、一般的にシステムエンジニアと称される技術者は、企業によりその対象範囲が異なるものの、広義な意味で捉えれば IT スキル標準の職種の全体とほぼ重なると考えてよい。ただし、繰り返しになるが、企業の人事制度の中で定義された職種名称が、IT スキル標準で使用されている職種名称と同じであったとしても、それが意味する職務範囲や必要とする能力要件は、必ずしも IT スキル標準で定義された職種名称が指す職務範囲や能力要件と一致するとは限らない。このことは、IT 技術者を対象とした統計的調査・分析を行う際の、職種を細分化することの限界でもある。

　以上の議論を踏まえ、本書では IT 技術者を次の通り捉える。本書におけ

るIT技術者の範囲は「あらゆる産業の中で、ソフトウェア技術を用いたシステム（商品・サービスを含む）を構築する一連の業務に携わる技術者」であり、上記の枠組みで言えば「ITスキル標準で定義されている全ての職種の者」が該当する。これが意図するところは、より広義のIT技術者、すなわち一般的にプログラマーと呼ばれる技術者からプロジェクト・マネージャーまでを分析対象者の射程に入れたものであるということである。

なお、先行研究には、IT技術者をソフトウェア技術者やIT人材と表記しているものもある。本書では、IT技術者という表記を主に用いるが、先行研究を引用する際にはソフトウェア技術者やIT人材と表記することもある。本書においては、IT技術者、ソフトウェア技術者、およびIT人材を相互に互換性を有する言葉として用いることとする。

第4節　IT技術者のキャリア形成

IT技術者が多く活動する業界は、情報サービス業である。情報サービス業で働く従業者の年齢構成を見ると、2011年時点において45歳以上が全体の約25％を占めている（経済産業省,2012）。5年前と比べると、その割合は約10ポイントの増加となり、IT技術者の高年齢化が進んでいることがわかる。

我が国の成長戦略を実行するうえで、IT技術の重要性は今後ますます高まることが予想される。そのような中、中高年IT技術者のキャリア形成のあり方は、情報サービス業に留まらず、ITを活用するあらゆる業界における重要な人事課題と位置づけられる。そこで本節では、IT技術者のキャリア形成のあり方について先行研究を概観し、IT技術者のキャリア発達を促す要因を整理する。そして、本書の研究課題である、IT技術者の能力限界感に影響を与える要因について検討を加える。

(1) 倉田・津崎の研究

倉田・津崎（2003）は、「ITエンジニアのスキルに関する意識とキャリア形成」アンケート調査を通じて、IT技術者のキャリア形成の特徴を明らかにした。調査に先立ち、倉田・津崎（2003）は、先行研究を通じたIT技術

者のキャリア形成研究に関わる限界として、次の3点をあげる。

第1の限界は、IT技術それ自体の変化の速度が早過ぎて、分析がそれに追いついていないということである。研究者に限らず実務家の視点から見ても、能力形成、人材育成の領域はともすればブラックボックス化しがちになり、この領域のノウハウが非専門家にも伝達可能な客観的・普遍的な言語で表現されることはなされてこなかった。

第2の点は、IT技術者が保有する、能力のレベルを工学的に計測することの難しさである。製造業の生産労働者と比較した場合、情報サービス産業においては、労働者の能力を産出量や品質との関係で評価するのが難しい。また、情報サービス産業では製造業よりもカスタマイズ製品の比率が高いことから、技術者が保有する能力レベルを実務の中で反復的に計測することが困難である。

第3の点は、日本の情報サービス産業企業では、他国に比べて職種区分に対応した標準的なキャリア・パスの形成という点で後れを取っていることである。そもそも大卒採用の入り口の部分において、情報工学専攻以外の理工系学部出身者のみならず、文系学部出身者も採用する方式が取られてきた。入職後のキャリアについても、複数の業務経験を積ませる中から緩やかに専門を確定しつつ能力を高めていく方式が一般的であるという。

倉田・津崎（2003）では、アンケート調査を実施するにあたり、上記の第2の課題としてあげた能力形成の測定の困難性という問題に対し、自らの能力形成に関する「満足度」を代替変数として採用した。すなわち、技術者の主観的な評価で、能力形成の効果を測定することを試みている。

アンケート調査を通じて明らかになった特徴的な知見のひとつは、企業による人材育成への投資が十分に行われていないことであった。具体的には、能力形成は主に自助努力にゆだねられていて、企業によるOff-JTの実施状況は非常に低調である。OJTについても、その中心的な手法は技術者本人の自助努力であった。そして、そうした自助努力的行為のみが知識の取得に関する満足度を高める結果となった。

知識や技術の取得への満足度を能力形成の成果指標として見た場合、上記の結果から、次のことが言える。すなわち、情報サービス産業における技術

者の能力形成を支えているのは、自ら問題関心を持つセミナーや研修に参加することである。さらに、職場で直面する問題を解決するために求められることは、自分自身で問題解決にあたるような主体的で自律的な行動である。

　以上、人材育成が企業成長の生命線とさえいわれるこの業界において、企業による人材育成への投資が必ずしも十分に行われているわけではない、という意外な事実が明らかにされたことになる。この調査結果を敷衍して、倉田・津崎（2003）はIT技術者の能力形成のメカニズムに関し、次の仮説を提示している。

①技術者自身が入職以前の学校教育において、どこまで専門的な就学経験を積んでいるか、あるいは専門を深めていくための素養をどこまで習得しているかが、入職後の能力形成の決定的な規定要因である。
②そうした専門教育のバックグラウンドがある限りにおいて、技術者は企業内部において、自分自身で問題解決を行うことができる。
③入社後の業務経験という要素は、自主的な問題解決行動を自動的にもたらすものではない。
④技術者の能力は、このような自主的な問題解決を通じてだけ伸長していく。

　能力形成メカニズムについてこのような仮説は、製造業を中心として、従来多くの企業が前提に置いてきた企業内熟練形成の仕組みが、情報サービス産業においては上手く機能しないことを示唆するものである。同時に、以上の仮説は情報サービス業の人材マネジメント戦略を構想していくうえで、少なからぬ意味を持つものと言えよう（倉田・津崎, 2003）。
　倉田・津崎（2003）の研究は、IT技術者と、それ以外の技術者との能力形成メカニズムが異なることを示す。また、IT技術者の特徴を十分に考慮しないまま、IT技術者以外の技術者と同じような人材開発の仕組みをIT技術者に適用しようとするならば、その仕組みが機能不全に陥る可能性を指摘するものである。

(2) 西野の研究

西野（2003）は、一橋大学雇用政策研究会が実施した「ITエンジニアに関する意識とキャリア形成」アンケート調査から、IT技術者のキャリア・パスを検討している。そこでは、IT技術者のキャリア・パスは、①ソフトウェア開発→ITアーキテクト（システム設計）→PM（プロジェクト・マネジメント）といった開発系業務パターンと、②CS/オペレーションといった保守系業務パターンとに分けられる。また、①開発系業務パターンと、②保守系業務パターンとの相互の移動は極めて少ない。そのため、学卒新卒時にどちらの業務に就くかが、その後のキャリアを決める大きな要因となるという。

情報処理推進機構（2014）によれば、IT技術者のうち、保守系業務に携わる者の比率は10.2%である。このことから、ほとんどのIT技術者は、前者の開発系業務パターンに該当するものと考えられる。

(3) 金井・楠見、平田の研究

IT技術者は、キャリア初期、中期および後期において、段階ごとに異なる特徴をもつ経験を通して熟達していくことが明らかにされている（金井・楠見, 2012; 平田, 2003）。段階ごとの特徴を整理すると、表2-4の通りとなる。すなわち、キャリア初期のIT技術者においては、システム設計・開発における高い技術が求められる。このため、必然的に担当する工程数が増え、それとともに調整すべき関係者の数も増えていくというパターンの経験を積む。次に、キャリア中期ではITプロジェクトの担当範囲が広がり、部分から全体を見渡すことも求められる。このことから、担当する工程数および調整すべき関係者の数がさらに増す。そして、キャリア後期においては顧客や自社の組織戦略に直結した職務が中心となる。それに伴い、管理すべき工程数および調整すべき関係者が激増するという。

これらの知見は、IT技術者のキャリア・パスは、入社時から技術的能力と技術以外の能力の両方をバランスよく伸ばしていくとした内藤（2009）の指摘を補完するものである。すなわち、IT技術者は、入社時から顧客を含めた関係者とのコミュニケーションの絡む仕事を多く経験し（内藤, 2009）、その数はキャリア初期から中期、後期へと至るに従い増加することを、金

表2-4　IT技術者のキャリア発達の特徴

時　期	特　徴	担当工程および調整すべき関係者
キャリア初期	システム設計・開発の担当工程の拡大 調整すべき関係者の数の増加	少ない
キャリア中期	プロジェクトの担当範囲の拡大 部分から全体を見渡す視野	↓
キャリア後期	顧客や自社の組織戦略に直結した職務 管理工程の激増	多い

金井・楠見（2012）、平田（2003）を参考に作成

井・楠見（2012）および平田（2003）は指摘する。

(4) 須東の研究

　須東（2012）は、一般的な職業人と、IT技術者のキャリア志向性や仕事観の違いを考察している。須東（2012）によれば、一般的な職業人はビジネススキルを含めた仕事向上心が専門領域コミットメントの前提となっているが、IT技術者にはそれが見られないという。すなわち、IT技術者は専門性とその高さが純粋かつ高度な技術面に特化されており、ビジネススキルとは一線を画して捉えられていると、須東（2012）は指摘する。それゆえ、IT技術者は、担う役割上の明確な変化とそれに伴う意識としての変化が、40代前半に訪れやすいという。それまでの純粋な専門業務に対し、40代からはプロジェクト・マネージャーとしての役割遂行が自然と求められるようになり、その葛藤の結果としての行き詰まり感やマネジメントの苦労が、IT技術者の志向性や行動および能力感に影響を与えるというのである。

　上記の点に関連して、IT技術者のキャリア志向性に関する先行研究に触れておきたい。McCormick（1995）は、日本の技術者とイギリスの技術者を比較し、技術的な能力の年齢限界感の差異とともに、キャリア志向性が異なることを明らかにしている。それは、イギリスの技術者に比べ、日本の技術者の多くがマネジメントの地位につくよりも第一線の技術者であることを好むというものである。しかし一方で、日本の技術者は技術的な能力の年齢限界を予測するものが多数おり、ここに日本の技術者のキャリア形成上のパラ

ドクスが存在する（梅澤,2000）。このパラドクスの存在は、須東（2012）の指摘するIT技術者の40代前半の行き詰まり感やマネジメントの苦労と重なるものであると考えられる。

　ではなぜ、日本の技術者の多くがマネジメントの地位につくよりも第一線の技術者であることを好むのだろうか。この理由について、藤本（2005）は日本の技術者の処遇を他の専門職と国際比較することを通じ、興味深い知見を明らかにしている。まず、給与が職位に規定されている欧米諸国では、若年層でも管理職を目指す技術者が多いのに対して、給与が年齢に規定されている日本では技術職を継続する者が多いことである。また、技術職に対する社会的評価が低いイギリスは、技術職である限り給与が低レベルに留まるため、管理職を希望する若年層が多いことである。さらにアメリカでも、若年技術者の給与は日本よりも高いが、その昇給幅が小さいため40歳になると日本の技術者よりも給与が低くなる。このことから、アメリカ技術者は管理職への移行を望む者が多いという。

　藤本（2005）の研究は、日本のIT技術者の目指す専門性が、ビジネススキルとは一線を画した純粋かつ高度な技術面に特化されやすいという須東（2012）の主張を支持するものである。さらに、年功賃金制度という日本独特の処遇制度が、IT技術者のキャリア志向を専門職に留まらせる方向への強化因として機能している様子が垣間見える。

(5) 森本・津田の研究

　森本・津田（2013）は、クラウドシステムの台頭、システム開発の短納期・低コスト化に代表されるIT市場の変動によるIT人材需要の変化に伴い、IT技術者の職種と能力の自己評価がどのように変化するのかに焦点をあて、IT技術者のキャリア形成プロセスについて考察している。分析に用いられた調査データは、特定非営利活動法人ITスキル研究フォーラム（iSRF）が「全国スキル調査」として2001年から毎年WEB上で実施しているものである。具体的には、IT技術者個人に対し、所属企業や経験などのプロフィール情報と、ITスキル標準（ITSS）に基づく能力の自己評価を調査している。ここでは、2点の結果を取り上げたい。

1点目は、職種経験年数と、専門的能力に関する自己評価（10点満点）の関係が、IT技術者の中でも職種により異なるという点である。すなわち、アプリケーション・スペシャリスト、ソフトウェア・ディベロップメントおよびコンサルタント等の職種では、経験年数が高くなるほど専門的能力に関する自己評価が低い。一方、プロジェクト・マネジメント、ITスペシャリスト等の職種では、経験年数が3年以上を超えた時点で、一旦専門的能力に関するの自己評価が低くなり、それ以降は大きく変化しない。最後に、ITアーキテクトは、一旦専門的能力に関する自己評価が下がるものの、それ以降は経験年数を積むに従い専門的能力に関する自己評価が向上する。森本・津田（2013）は、この要因として、新たな環境下で直面するリアリティ・ショックや、経験に応じて担当する業務の難易度や規模が変化することをあげている。

　2点目は、プログラマー、システムエンジニア、プロジェクト・マネジメントの職種間移動が行われていることを明らかにした。これは、一般的なIT技術者のキャリア形成パターン（西野, 2003）が、近年においても変化していないことを示すものである。

　ただし、森本・津田（2013）の研究において、上記2点に関し、年齢の要因は考慮されていない。すなわち、年齢とともに専門的能力の自己評価はどのように変化するのか、また、キャリア形成パターンの順序が明らかにされているわけではない。

第5節　能力限界感を強める2つの鍵要因の導出

　前節では、IT技術者のキャリア形成のあり方について倉田・津崎（2003）、西野（2003）、金井・楠見（2012）、平田（2003）、須東（2012）、および森本・津田（2013）の研究を概観してきた。本節では、先行研究から示唆される、IT技術者の能力限界感を強める2つの鍵要因を導出する。

(1) 能力限界感の職場環境要因
　倉田・津崎（2003）は、製造業を中心に多くの企業が取り入れてきた企業

内熟練形成の仕組みが、情報サービス産業においては上手く機能しない可能性があると指摘する。すなわち、IT技術者の能力は、自主的な気づきや問題解決を通じて伸長していくものであり、OJTや企業内研修等だけで育まれるものではないという。それでは、IT技術者のキャリア形成を促す人材育成施策のあり方は、どのようなものであろうか。

守島（2014）は、グーグルなどの企業では自律型人材の活躍がコア・コンピタンスの源泉となり、そこでは組織開発（OD：Organization Development）が極めて中枢的な位置づけになっているという。組織開発とは経営学における組織論を構成する分野のひとつであり、組織デザインと対をなす分野である。組織デザイン論が組織のハード面を扱う分野だとすれば、組織開発論は組織のソフト面を扱う分野と捉えることができる（守島, 2014）。グーグルの例からいえることは、IT技術者のような自主的な気づきや問題解決を通じて成長する自律型人材を活かすためには、OJTや企業内研修等の制度面（ハード面）だけでなく、上司との関係性や職場風土等（ソフト面）の充実が求められるということだ。

また、飯尾（2014）は、IT技術者の自己研鑽に関し、次の3点を指摘する。①IT技術者の中で、自らの技術向上に意欲的な者は一部に限られ、必ずしも現在のIT技術者の多くが向上心を持っているというわけではない。②日本におけるIT技術者育成の問題として、具体的なキャリア・パスに関する情報が不十分である。③IT技術者本人は、日々の技術習得に精一杯であり、長期的な展望や技術ポートフォリオを考慮できていない。2点目および3点目の指摘を見ると、職場から得られる情報の不足や多忙な労働環境等、IT技術者を取り巻く職場の要因が、彼らの向上心を阻害していることがわかる。より抽象化して表現するならば、飯尾（2014）は、IT技術者の自己研鑽に関する意識は、職場環境から受ける刺激に左右されると主張する。すなわち、自己研鑽に関する意識が職場環境から何らかの刺激を受け、能力向上意欲を高めることができれば、自身の能力発揮への期待も高まるだろう。他方、能力向上意欲が低下するならば、自身の能力発揮への限界感が高まるとも言える。従って、個人の能力向上意欲を高めるような職場環境（特に、上司から受ける支援的関与や、新しい技術を積極的に取り入れ活用しようとする

職場風土等）が、IT 技術者の能力発揮への信念を高めると考えられる。

　以上、守島（2014）および飯尾（2014）の議論を踏まえると、企業内熟練形成の仕組みに代わる IT 技術者の人材育成を促す鍵は、個人の自律性を促す職場環境にあるといえる。すなわち、OJT の仕組みだけでなく、上司との良好な関係性に、あるいは企業内研修の実施だけでなく自主的な気づきや問題解決が促されるような革新的な組織風土にこそ、IT 技術者のキャリア発達を促す鍵があるのではないか。そして、それらの不足は、IT 技術者の能力限界感を強める要因にもなると考えられる。

(2) 能力限界感の産業構造要因

　IT 技術者のキャリア形成の特徴は、キャリアのステージごとに異なる経験を通して熟達していくことであった（金井・楠見, 2012; 平田, 2003）。ステージごとに異なる特徴とは、ソフトウェア開発からシステム設計を経て、最終的にはプロジェクト・マネジメントに至る一連の役割を指す（西野, 2003）。そして各段階で求められる役割は、技術革新のスピードに追いついていくというような純粋かつ高度な技術面に留まらず、顧客や自社の組織戦略に直結した職務への対応や管理工程のオペレーションを含むものであった（須東, 2012）。以上の知見から示唆される、IT 技術者の能力限界感を強める要因は何か。

　梅澤（2000）は、IT 業界内における企業の分業構造上の位置によっては、IT 技術者の上流工程の職務の経験に制約がかかることがあると指摘する。すなわち下請け企業では、設計工程やプロジェクト・マネジメントの職務を経験できない可能性があるという。前節で見てきたように、キャリア中期から後期にかけて設計工程やプロジェクト・マネジメントの役割を担うことが IT 技術者のキャリア形成の特徴であった。それにも関わらず、設計工程やプロジェクト・マネジメントを経験できないという下請け企業の制約は、IT 技術者にキャリア発達の客観的な停滞をもたらすものである。そして、キャリア発達の客観的な停滞状態が続けば、IT 技術者の能力限界感が高まることも容易に想像がつく。ゆえに、IT 技術者の能力限界感を強める要因のひとつは、発達段階ごとに期待される役割に応じた経験を十分に積むこと

ができない環境的制約にあるといえる。具体的には、ソフトウェア開発からシステム設計を経て、最終的にはプロジェクト・マネジメントに至る一連の経験を、IT技術者の発達段階に応じて提供されない制約である。そして、その制約が生まれる環境は、IT産業における下請け企業が置かれた環境と置換可能であることが上記で示された。

　以上、IT技術者の能力限界感に影響する要因として、職場環境要因と産業構造要因の2点を導き出した。そこで本書では、これに第1章で述べた能力限界年齢意識の問題から導き出される年齢要因を加えた3要因（個人的発達要因、職場環境要因および産業構造要因）を、能力限界感の規定因として取り上げる。以下の第6節から第8節では、能力限界感の個人的発達要因、職場環境要因および産業構造要因に関する先行研究を整理する。

第6節　能力限界感の個人的発達要因の検討（研究課題1）

　第1章でも触れたように、日本企業の技術者の特徴として、加齢に伴う技術的な能力限界の存在が過去から指摘されている。すなわち、1990年代から議論されてきた、技術系人材の育成・評価・処遇のあり方、ならびに技術者のマネジメントについての一連の研究蓄積から、一貫して日本の技術者は40歳前後になれば技術者としての能力限界が訪れると意識していることが明らかになっている。この過剰な能力限界年齢意識を払拭し、技術者の効果的な育成と活用を図ることは、技術系人材のマネジメントにおける根本的課題のひとつ（福谷, 2007）である。そこで、本節では技術的な能力限界年齢意識に関する先行研究を概観する。

(1) 日本生産性本部の研究

　日本生産性本部（1990a, 1990b, 1991a, 1991b）によると、イギリス、ドイツ、アメリカの技術者の多くは特定の年齢における技術的な能力限界の存在を否定している一方、多くの日本の技術者は30代後半から40代前半にかけて、第一線で活躍できる技術者としての能力限界が訪れると意識しているという。なお、イギリス、ドイツ、アメリカの技術者は能力限界そのものの存在を否

定しているわけではない点に留意する必要がある。つまり、イギリス、ドイツ、アメリカの技術者の70％強が、能力限界は特定の年齢で出現するものではなく「個人差」であると回答しているのである。なお、「個人差」であると回答している日本の技術者の割合は14％に留まる。この点からも、諸外国に比べて日本の技術者が特異的な能力限界年齢意識を持っていることがわかる。

(2) McCormick の研究

McCormick（1995）も日本の技術者とイギリスの技術者を比較し、技術的な能力の年齢限界感に差異があることを指摘する。先述の研究と同様に、日本の技術者は30代後半から40代にかけて年齢限界を意識している一方、イギリスの技術者は年齢に関係なく能力限界の発現は個人差であると認識している。さらに、先にも触れたように McCormick（1995）は、日本とイギリスの技術者は、キャリア志向のタイプが異なることも明らかにしている。すなわち、イギリスの技術者に比べ、日本の技術者の多くがマネジメントの地位につくよりも、第一線の技術者であることを好むということである。しかし一方では、日本の技術者は技術的な能力の年齢限界を予測するものが多数おり、ここに日本の技術者のキャリア形成上のパラドクスが存在するとの指摘がある（梅澤, 2000）。

(3) 慶應義塾大学産業研究所の調査

慶應義塾大学産業研究所調査（1997-98年）においても、イギリス、韓国およびインドの技術者に比べ、日本の技術者は技術者として活躍できる能力限界年齢の存在を強く意識していることを指摘しており、特に日本の技術者は、40歳台前半に能力限界を強く意識している（中原, 2000）。ただし、同調査で能力限界年齢があると回答した者の割合を見ると、日本の技術者が53％で最も多く、次いで台湾の研究開発者が51％となっている。続くインドの技術者が35％で、台湾の技術者と比べると10ポイント以上低くなっている。つまり、能力限界年齢があるかどうかを尋ねた場合、日本と台湾の技術者が他国に比べて、より強くその存在を意識していることがわかる。

(4) 福谷の研究

　福谷 (2007) は、日本の技術者が特定年齢で能力限界をより強く意識する理由として、以下の3つの仮説を提示した。第1の仮説は技術開発キャッチアップ仮説である。発展途上国は通常、先進国の技術を導入し追いつくことを目指す。先進基盤技術を導入し応用開発や製品化に傾注するときには、比較的体力のある若年人材を研究開発業務に従事させようとする。つまり日本企業では応用開発や製品化に傾注しており、そこで求められる技術者は若年層に限られているという仮説である。第2の仮説は年功的な人事処遇制度である。すなわち技術者は年功による昇進・昇給制度、さらには管理職単元昇進システムにより特定年齢で第一線の研究開発業務から離脱していくことになる。つまり、本人の意思や意欲に関わらず特定の年齢で研究開発業務から離脱することによって能力限界を意識するという仮説である。第3の仮説は社会慣習である。「長幼の序」といわれる社会慣習が、組織集団においても年齢による序列を重視することになる。これは能力限界の有無そのものよりも、年齢への序列意識の強さゆえに、能力限界が「個人差」ではなく「年齢による」という回答に偏ることを推測している仮説である。3つの仮説のうち、福谷 (2007) は以下に述べるように第1と第3の仮説を棄却し、第2の仮説を支持する。すなわち第1の仮説はインドと韓国が日本と異なり、加齢による能力限界を意識していないので立証に至らない。第3の仮説も韓国と台湾と日本という東アジア文化圏を比較した場合、能力限界意識について異なる調査結果となっており検証しえない。最後に残された第2の仮説は、日本がこれまで年功的な人事処遇制度を採用してきたことからその推測も可能であるとする。

　確かに、近年の日本における労働力の高齢化や業績主義人事の台頭など年功制度の変容に伴い、日本生産性本部 (1990a, 1990b) の調査結果と比較すると、近年では技術者の能力限界は「個人差」であるという認識が増加しつつあるという (福谷, 2007)。しかし依然として国際的には、日本における能力限界意識は強いままであることには変わりない。

(5) 小括

　本節では、技術者の能力限界年齢意識に関する先行研究を見てきた。1990年代から議論されてきた、技術系人材の育成・評価・処遇のあり方、ならびに技術者のマネジメントについての一連の研究蓄積から、一貫して日本の技術者は40歳前後になれば技術者としての能力限界が訪れると意識していることを確認した。しかし、第1章でも触れたように、先行研究に共通する限界として個々人の主観的能力感に触れていない点を指摘しておきたい。すなわち、国際比較においては、能力限界そのものの有無ではなく能力限界の出現が加齢によるものか、あるいは年齢に関わらず個人差によるものかの意識（限界年齢意識）を比較しているに過ぎない。また「あなたの周囲を見て技術者として第一線で活躍できるのは、平均的にみて何歳ぐらいまでとお考えですか（日本生産性本部,1991b）」のように、自身に限らず、他者を含めた一般的な技術者の能力限界に対する限界年齢意識を問うており個人の自身に関する主観的な能力限界を問うているものではない。技術者の限界年齢意識は低下しつつあり、かつ個人差の問題という認識が拡大（福谷,1999）する中においては、個人の主観的な能力限界感に焦点をあてる必要があると考えるが、自身の技術的な能力限界に対する主観的評価を扱った研究は筆者の知る限り皆無である。このため本書では、これまで技術者の能力限界問題で注目されてこなかった、個人の主観的な能力限界感に焦点をあてる。以上の議論に基づき、IT技術者の年齢が個人の能力限界感に及ぼす影響（個人的発達要因）を明らかにすることを、本書の第1の研究課題に設定する。

第7節　能力限界感の職場環境要因の検討（研究課題2）

　前節では、技術者全般を対象とした能力限界年齢意識に関する先行研究を見てきたが、IT技術者に対象を限定した先行研究も存在する。また一般的な言説においても「システムエンジニア35歳定年説」等の言葉に代表されるように、IT技術者の能力限界は他の技術者に比べて早期に訪れることが定説になりつつある。下田（1983）によると、1978年の時点でシステムエンジニアの35歳定年説が存在していたという。ただし、IT技術者を対象とした

能力限界年齢意識の研究を見ると、IT技術者以外の技術者を対象とした研究では見られなかった指摘が存在することがわかる。本節では、この点に焦点をあてて先行研究を概観する。

(1) 梅澤の研究

梅澤(2000)は、ソフトウェア技術者の技術的な能力限界について2社の事例を通じた検討を行い、次の2点を明らかにした。1点目は、ソフトウェア技術者に対する人事考課の結果から、40歳以上のソフトウェア技術者でも、9割以上は普通かそれ以上の評価を得る職業能力を有していることである。ただし、十分に巧く機能しているとはいえず、中高年ソフトウェア技術者の本来の職業能力を、未だ十分に発揮させるには至っていない(梅澤, 2000)。2点目は、中高年ソフトウェア技術者の能力限界の背景として、体力の低下と、技術的知識の低下が指摘されており、一見、能力限界は加齢に従って進むように見える。ところが、その背景には業務量の多さといった作業条件や、現場への直接的関与が少なくなること等の作業体制・職務のあり方が関係しているのであり、必ずしもその原因を加齢に帰することはできないとしている(梅澤, 2000)。

(2) 南雲の研究

南雲(2003)は、IT企業3社へのヒアリング調査を通じて、次の点を明らかにしている。まず、IT技術者も一般的には年齢とともに賃金が高くなる傾向にあり、採算性の問題から、特に下流工程において年齢限界が発生する可能性がある。このことは、担当職務が下流工程に制限される下請け企業の中で、IT技術者の年齢限界が生じやすいことを示唆するものである。この点は、梅澤(2000)もIT業界内における企業の分業構造上の位置によっては、IT技術者の上流工程の職務への移動に制約がかかることがあるとしており、南雲(2003)の指摘と共通する。

しかしながら、南雲(2003)はまた、近年では下請け企業であっても下流工程の職務が減り上流工程の職務が増えたことで、中高年IT技術者が付加価値の高い上流工程の職務を経験する余地が増えているという。さらに、分

業構造上の上位に位置する企業であっても、引き受ける仕事の内容によっては、中高年IT技術者を付加価値の低い職務から付加価値の高い職務へと移動させることができないこともあるとしている。つまり、分業構造上の上位に位置する企業でも、顧客ごとに上流工程の職務を重視するか、下流工程の職務を重視するかが異なっており、このために同じ企業の中でも年齢限界が生じやすい部分と生じにくい部分とが存在するということである。

　南雲（2003）の研究において興味深い点は、ヒアリング対象企業のすべてが年功的な賃金制度を採っているため、年齢が高くなると付加価値の低い下流工程の職務では採算が合わなくなることを明らかにしている点である。これは、本書の問題意識でも触れたように、IT技術者の能力限界の問題がIT技術者の能力そのものの限界というよりは、IT技術者の置かれた組織環境に大きく左右される問題であるということを示す、ひとつの証左になり得る。しかしながら、注意が必要なことは、梅澤（2000）や南雲（2003）はIT技術者本人の能力限界感を分析しているのではなく、先に見た技術者全般の能力限界問題と同様、やはり一般的なIT技術者の能力あるいは年齢限界を客観的な視点から考察している点である。すなわち、IT技術者本人の能力発揮に対する認知と年齢とそれ以外の要因との関連が解明されないまま、IT技術者は30歳台後半から40歳台前半にかけて能力限界を迎えるとみなされているのである。

(3) 小括

　能力限界年齢意識に関する先行研究の中で、特にIT技術者を対象とした研究に見られる特徴は、年齢に加えて職場環境要因や産業構造上の位置づけが能力限界年齢意識の要因になり得ることを示していることである。これらの点は、第4節で触れたIT技術者の能力限界感を高め得る要因と重なる指摘でもある。ただし、本節で見た先行研究においても個人の主観的な能力限界感に触れられていない点は、IT技術者以外の先行研究における問題点と共通する。そこで以上の議論と第4節で述べた考察に基づき、本書の第二の研究課題を次のように設定する。すなわち、IT技術者を取り巻く職場環境が、本人の能力限界感に与える効果（職場環境要因）を明らかにすることで

ある。なお、産業構造上の位置づけに関する議論は次節で詳細に論じる。

第8節　能力限界感の産業構造要因の検討（研究課題3）

　我が国において、情報産業育成のために産業構造審議会「情報産業部会」が通産省（当時）により設置されたのは1967年のことであった（梅澤・内田, 2001）。それ以降、情報産業に限らず、あらゆる企業の中でIT技術者が勤務するようになり、その総数は100万人を超えるまでになっている（情報処理推進機構, 2015）。前節・前々節で見たように、IT技術者には様々な職種やキャリア・パスが存在する。また同様に、IT技術者が働く企業の類型も多様である。本節では、IT技術者が働く企業の類型を先行研究に基づき整理することを試みる。なお、レビューの背後にある問題意識は、第4節で触れた次の点にある。すなわち、設計工程やプロジェクト・マネジメントを経験できないという下請け企業の制約が、IT技術者にキャリア発達の客観的な停滞をもたらし、ひいてはIT技術者の能力限界感を強める影響を与えているのではないか、という点である。このため本節では、IT技術者を取り巻く産業構造の中でも、特に分業構造に着目してレビューを行う。

(1) 我が国のIT技術者の総数と業態別内訳

　情報処理推進機構（2015）の推計によると、我が国のIT技術者の総数は約112万人である（表2-5）。

　内訳を見ると、ITを利用するユーザー企業側に在籍するIT技術者は約28万人（全体の約25％）であり、IT技術者の大多数（約75％）はITを提供するIT企業側に在籍していることがわかる。参考までに、アメリカのIT技術者の総数と内訳を見ると、IT技術者の総数約330万人の内、ITを利用するユーザー企業側に在籍するIT技術者は約236万人（全体の約72％）である（情報処理推進機構, 2011）。アメリカと比較すると、日本のIT技術者はITを利用するユーザー企業側よりも、ITを提供するIT企業側に在籍する数がかなり多いことがわかる。

　次に、ITを提供するIT企業側の業種分類とIT人材数を表2-6に示す。表

表2-5　我が国の IT 人材の総数推計

IT 人材区分	2014年度推計（人）
IT を提供する IT 企業側の IT 人材	841,000
IT を利用するユーザー企業側の IT 人材	277,000
合　計	1,118,000

情報処理推進機構（2015）

表2-6　IT 企業の人材数推計

業種分類	推定 IT 人材数（人）	割合（%）
受託ソフトウェア業	566,613	67.3
パッケージソフトウェア業	22,923	2.7
組込みソフトウェア業	31,377	3.7
情報処理サービス業	115,652	13.7
電子計算機製造業	37,322	4.4
情報記録物製造業	5,298	0.6
電気機械器具卸売業	62,367	7.4
合　計	841,000	100.0

情報処理推進機構（2015）を参考に作成

2-6より、受託ソフトウェア業に分類される企業に所属する IT 人材数は約57万人であり、我が国の IT 技術者全体の過半数を占める。

　パッケージソフトウェア業に比べて受託ソフトウェア業の IT 人材数が多数を占める点が日本の IT 企業の特徴としてあげられるが、その要因としては、次のような指摘がなされている。すなわち、日本企業では、業務プロセスにおいて従業員による創意工夫に基づく改善が継続的に行われており、それゆえ企業独自の業務プロセスに個別化（カスタマイズ化）されたソフトウェアの導入が極端に好まれるという指摘である（Cusumano, 1991; 上野, 2006）。この点から、日本の IT 技術者の特徴を明らかにしていく場合には、その対象の大多数は受託ソフトウェア業に勤務していることを想定する必要があることがわかる。

　参考までに、IT を利用するユーザー企業側の業種分類と、IT 人材数を表

表2-7　ユーザー企業の人材数推計

業種分類	推定IT人材数（人）	割合（％）
建設業	12,319	4.5
製造業	77,725	28.2
電気・ガス・熱供給・水道業	3,059	1.1
情報通信業（除IT企業）	4,459	1.6
運輸業・郵便業	25,794	9.3
卸売業・小売業	40,399	14.6
金融業・保険業	18,291	6.6
不動産業・物品賃貸業	6,164	2.2
学術研究・専門・技術サービス業	7,759	2.8
宿泊業・飲食サービス業	5,495	2.0
生活関連サービス業・娯楽業	5,461	2.0
教育・学習支援業	9,551	3.5
医療・福祉	32,668	11.8
複合サービス事業	7,815	2.8
サービス業	19,042	6.9
合　計	276,000	100.0

情報処理推進機構（2014）を参考に作成

2-7に示す。

　ITを利用するユーザー企業側に在籍するIT人材の数は、製造業（77,725人；28.2％）が最も多く、卸売業・小売業（40,399人；14.6％）、医療・福祉（32,668人；11.8％）と続く。表2-7からは、あらゆる業種の経営活動に情報技術が行き渡り、そこにIT技術者が在籍していることが読み取れる。しかし、その実数を見ると、推定ではあるものの在籍するIT技術者数が数千人程度の業種も多く、我が国のIT技術者総数に比べるとユーザー企業側に在籍するIT人材数は僅かであることが改めてわかる。

(2) IT産業の分業構造

　前項で、我が国のIT技術者の過半数は受託開発型のソフトウェア開発業を営む企業に在籍していることを確認した。ところで、同じ受託開発型のソフトウェア開発業を営む企業の中でも、分業構造内の位置によって、そこで働くIT人材の働き方は異なるという指摘が過去から行われている。そこで

本項では、IT産業の分業構造に着目した先行研究を整理する。

(2-1) 峰滝・元橋の研究

我が国のIT産業の生産性は、ハードウェアと比較して低いといわれている。峰滝・元橋（2007）は、その要因のひとつにIT産業の重層的な下請け構造をあげる。彼らは情報処理推進機構が2006年に実施した「情報処理産業経営実態調査（第28回調査）」の企業レベルデータ（分析対象数439社）を用いて、下請け構造の中でのIT企業の立ち位置を4つのタイプに分けて、それぞれの生産性を比較した。

峰滝・元橋（2007）は、下請け構造を分類するために、①外注費比率（総費用に占める外注費の割合）と②同業者向け売上高比率（売上高に占める情報処理産業向けの割合）の2つの指標を用いている。それぞれの平均値を基準に高群と低群に分けて、元請け・中間下請け・最終下請け・独立型企業の4つのタイプに分類した（表2-8）。

また、タイプごとの従業員数および労働生産性（円／時間・人）を整理したものが表2-9である。

企業規模を従業員数で見ると、企業規模の大きさは元請け、中間的下請け、独立系、最終下請けの順番となっている。また、労働生産性は元請けが最も高く、中間下請けが最も低い。中間下請けの生産性が最も低くなった理由として、中間下請け企業はソフトウェア開発においてプロジェクト・マネジメント能力が要求されるものの、元請企業と比較して人材育成が遅れている点が生産性を低下させていると、峰滝・元橋（2007）は考察する。

この考察の通り、分業構造内の位置によってIT技術者の人材育成のあり方が異なり、それが企業の労働生産性に影響を与えているならば、分業構造内の位置がIT技術者の能力や能力感の形成に影響を及ぼすことも考えられる。例えば、中間下請け企業は、元請け企業よりもプロジェクト・マネジメントの経験を積む機会が限られるため、元請け企業に比べるとプロジェクト・マネジメント能力の育成が遅れる。さらに、最終下請け企業は、元請け企業や中間下請け企業に比べると、プロジェクト・マネジメントに加えてソフトウェア開発における上流工程の経験を積む機会が乏しくなる。このため、

表2-8　IT企業の分業構造

		同業者向け売上高比率	
		高群	低群
外注費比率	高群	中間下請け	元請け
	低群	最終下請け	独立型企業

峰滝・元橋（2007）を参考に作成

表2-9　企業分類ごとの従業員数・労働生産性の平均値

	全体	元請け	中間下請け	最終下請け	独立系
従業員数（人）	273	477	219	173	187
労働生産性（円／時間・人）	4,248	4,944	3,380	4,221	4,387
N	439	120	116	67	136

峰滝・元橋（2007）を参考に作成

　前節で述べたような、IT技術者としての望ましいキャリア発達の機会、すなわちソフトウェア開発からシステム設計を経て最終的にはプロジェクト・マネジメントに至る一連の役割を経験する機会が得られない可能性が高まる。上記のことから、本書が注目するIT技術者の能力限界感は、所属する企業の分業構造内の位置からも影響を受けることが、峰滝・元橋（2007）の研究から示唆されるのである。

　ただし、この研究で使用されたサンプル全体の従業員数の平均値が273となっていることから、対象が中小規模のIT企業に偏っている点に留意する必要がある。すなわち、ここで元請け企業に分類されている企業の上位層に、さらなる元請企業が存在している可能性も考えられる。また、次々項においても触れるが、分業構造の分類方法として実際の作業工程や分業構造上の職務特性には触れず、外注費比率・同業者向け売上高比率といった財務的指標だけを用いて分類している点にも限界が残る。

(2-2) 齊藤の研究

　現代の製造業においては、知識集約型工程を先進国で行い労働集約型工程を新興国や発展途上国で行う産業内分業が行われているが、齊藤 (2011) によると、同様の分業構造がIT産業においても確認できる。さらに齊藤 (2011) は、過去に製造業で生じた産業内分業による失敗、すなわち意図しない技術伝播による失敗を繰り返さないために、アメリカ系大手IT企業は独自の分業構造を作り出し成功したことを明らかにしている。具体的には、アプリケーション・パッケージを開発販売しているアメリカ系大手IT企業では、製品に組み込まれる技術をコア技術と利用技術に分けて管理する。コア技術とは自社内に保有し秘匿する技術のことを指し、社内分業構造の中で設計、開発、管理される。一方、利用技術とは積極的に技術伝播させる技術のことを言い、産業内分業構造を利用して設計、開発、管理される。さらに、社内分業構造の中においてもコア技術の情報漏えいを防ぐ目的から、それぞれの部門で扱う技術情報は、他部門と情報共有できる技術情報と情報共有できない技術情報とに分けて管理されているという。そのうえで齊藤 (2011) は、アメリカ系ソフトウェア企業がアプリケーション・パッケージ製品市場で上位を占めているのは、コア技術と利用技術をうまく使い分けているからであり、2つの技術を中心にした組織運営を行っているからであると論じる。

　齊藤 (2011) の研究は、過去の製造業における分業と意図しない技術伝播が生じたことを振り返り、その反省を踏まえてアメリカのIT産業における分業と技術伝播がどのように進化してきたかを検討している点で興味深いものである。そしてそれは、日本のアプリケーション・パッケージ製品市場における敗北の要因を検討するうえでも、貴重な示唆を与えている。さらにその結果が、表2-6に示した通り日本のIT人材総数に占めるパッケージソフトウェア業のIT人材数が2.4%に過ぎない点にも表れているといえよう。

　しかしながら、齊藤 (2011) の研究はアプリケーション・パッケージ業における社内分業構造について分析したものであり、本書が着目する日本における産業内分業 (社外分業) とは着眼点を異にしている点に留意する必要がある。

(2-3) 藤本の研究

　藤本（2009）は、ソフトウェア開発作業における開発モデル、開発工程および取引慣行を整理したうえで、IT産業の産業内分業構造の類型化を試みている。まず、開発工程の設定方法によって、ウォーターフォールモデル、プロトタイピングモデル、スパイラルモデルおよびアジャイルモデルなどの開発モデルが存在し、開発時にどのモデルに基づいて開発するかを選択する。また、開発工程としては、ウォーターフォールモデルを例にとると、要求定義、基本設計、詳細設計、製造およびテストといった工程がある。しかし、開発モデルおよび開発工程ともに、厳密な定義があるわけではない。例えば開発工程については、日本工業規格では、システム要求分析、システム方式設計、ソフトウェア要求分析、ソフトウェア方式設計、ソフトウェア詳細設計、ソフトウェアコード作成およびテスト（5工程）の、全11工程が定められているものの、この工程名が開発作業で使われることは少なく、開発会社や開発プロジェクトにより様々な工程の設定がなされているのが現状であるという。ただし、日本企業によるソフトウェア開発プロジェクトは、ほとんどウォーターフォール型の開発モデルに従うもので、要求定義からテストといった一連の工程を順番に進めるものであるという指摘（Cusumano, 2004）もある。

　また、IT産業における取引形態には、元請けか下請けに関わらず、大きく分けて派遣契約、準委任契約、請負契約の3種類の契約方法がある。この中で、派遣契約は基本的に発注側に赴いて作業し、労務管理も発注側が行う。準委任契約も、多くの場合は発注側に赴いて作業をするが、そうでない場合もある。労務管理は、どちらの場合でも受注側が行う。請負契約は、基本的に自社内で作業をするが、発注側に赴いて作業を行うこともある（藤本, 2009）。

　さらに、IT産業の取引慣行の重要な特徴として、藤本（2009）は次の3点をあげる。

①多数の個人事業主が下流工程に参加しており、多くの場合は準委任契約で契約先に常駐し、システムエンジニアやプログラマーの立場で開発に参加している。

表2-10　下請け取引の類型

類　型	特　徴
ゼネコン型	発注元から受注したソフトウェア開発を<u>一次請けが上流工程のみを実施</u>し、下流工程を下請け（二次請け）企業に分散発注する方式で、建設業の業界構造とよく似た分業形態。
コンサル型	一次請けが受注し、要件定義とそれに対応するテストのみを担当して、それ以外の開発をすべて二次請け（通常1社）に再発注する形態。<u>二次請けが担当する作業はゼネコン型と比較すると基本設計も担当する</u>ため、作業的には下請け要素は薄くなる。
丸投げ型	一次請けが営業と受注を行うが、発注元とのコミュニケーションを含めたすべての実質的な開発作業を下請け（二次請け）が行う取引形態。二次請け企業は伝票上の下請けには該当するが、作業的には一次請けに近くなる。
名義貸し型	<u>二次請けの企業が営業から実作業まですべてを行うが、契約書や金の流れは一次請けを通す</u>という取引形態。発注側から受注側への与信が通らなかった場合などに使われる。この取引形態も伝票上の下請けには該当するが、作業上は下請けではない。
メーカー直接型	ゼネコン型の一次請けが担当する部分の作業を、電機メーカー等の発注元が行うもの。<u>伝票上の元請け（一次請け）が行う作業は、ゼネコン型の二次請けと変わらない</u>。
ユーザー直接型	ゼネコン型の一次請けが担当する部分の作業を、ITユーザー企業等の発注元が行うもの。<u>伝票上の元請け（一次請け）が行う作業は、ゼネコン型の二次請けと変わらない</u>。

藤本（2009）を参考に作成（下線筆者）

②受注側の能力を超えるような規模の修正が必要になった場合、結果的に発注側がシステム開発に掛けた費用が回収できなくなる恐れがある。そのため、規模の小さいソフトウェア会社には、その能力に見合った規模のソフトウェアしか発注できない。

③ソフトウェア産業は、人手に頼る割合が高く、従業者に専門的能力が必要であるため供給弾力性が低い。そこで、競合する企業同士でも互いに仕事を融通し合う場面が多く見られ、丸投げなどの発注形態が横行しやすい。

そのうえで、藤本（2009）は表2-10の通り、IT産業における下請け取引の類型化を試みている。表2-10であげられた特徴から、次のことが読み取れる。すなわち、IT産業における分業構造においては、伝票上の下請けであるにも関わらず作業内容は元請けに近い取引形態がある（丸投げ型、名義貸し型）。また逆に、伝票上の元請けであるにも関わらず作業内容は下請に近

い取引形態があることもわかる（メーカー直接型、ユーザー直接型）。

藤本（2009）によると、作業上の下請け（ゼネコン型、コンサル型、メーカー直接型およびユーザー直接型の取引形態が該当）を統計的に把握することは容易ではなく、現在公刊されている統計資料では、これを把握することはできないという。このことは、前々項で触れた峰滝・元橋（2007）の研究の限界を示す根拠にもなり得る。つまり、峰滝・元橋（2007）は外注費比率と同業者向け売上高比率の指標を用いて分業上の位置を特定・分類し、タイプ間の労働生産性等を比較していた。これは、言い換えると伝票上の下請け構造を分類し、比較していたことになる。しかしながら、藤本（2009）の研究が明らかにしたように、伝票上の下請け企業は必ずしも作業上の下請け企業であるとは限らない。作業上の立場や工程が異なれば、そこで働くIT技術者の職務特性や意識も異なることが予想され、それらの違いが労働生産性等に影響を与えることも十分に考えられる。このため、IT企業の労働生産性や、そこで働くIT技術者の意識の違いを分業構造内の位置で比較・検討する際、峰滝・元橋（2007）が用いた外注費比率と同業者向け売上高比率の財務的指標だけでは限界があることがわかる。

(3) 下請け企業の特徴

「特定サービス産業実態調査」（経済産業省, 2014）を見ると、ソフトウェア産業における企業規模の中小規模性がわかる（表2-11）。例えば、従業員数が30人未満の事業所は全体の82.1%を占める。従業員数が500人未満の事業所まで規模を大きくして見ると、その数は全体の99.5%を占める。

また、ソフトウェア産業の分業構造はピラミッド型の下請階層構造に近似する。この重層構造の要因として、上野（1990）は次のように述べている。すなわち、第1に労働集約性が強く、開業時に必要な資本量が少なくて済むこと、第2に受託ソフトウェアはユーザーニーズが細分化しており、スケールメリットが働かず、すき間市場が広く形成されていること、第3に開発工程が細分化され工程分業が成立しやすいことである。中小企業基盤整備機構（2008）は、ソフトウェア開発業界の概念図を図2-1のようなピラミッド構造として描いている。表2-11および図2-1から、企業規模から見た下請け企業

表2-11 ソフトウェア産業の従業者規模別の事業所数

従業者規模	事業所数
30人未満	24,154（82.1%）
30人〜499人	5,120（17.4%）
500人以上	160（0.5%）
計	29,434（100.0%）

経済産業省（2014）を参考に作成

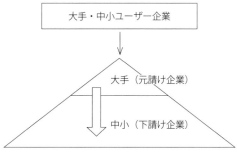

図2-1 ソフトウェア業界の概念図
中小企業基盤整備機構（2008）を参考に作成。図中の矢印は、仕事の流れを表す

の特徴のひとつとして企業規模の小ささがあげられる。

次に、「2012年ソフトワーカーの労働実態調査」（情報産業労働組合連合会, 2013）を見ると、元請け企業に比べて、下請け企業の労働環境の厳しさがわかる。具体的には、年間総労働時間は下請け企業で最も長く（2,082時間）、また年次有給休暇の取得日数は下請け企業が最も少なく（8.6日）、取得率も最低であった（48.0%）。同調査から職種別の賃金を比較すると、主に下請け企業が担当することになるプログラマーの賃金水準は23万円であり、主に元請け企業が担当するシステムエンジニア（30.3万円）やプロジェクト・マネージャー（39.1万円）に比べると大きく見劣りする。

一方、ソフトウェア開発プロジェクトは、プロジェクトごとに開発モデルおよび開発工程（規則と手続き）を定め、プロジェクトに参画する企業ごと

に担当工程を割り振り(専門化と分業)、元請け、および下請けに至る指示系統が明確になる(ヒエラルヒーの形成)ことを踏まえれば、ひとつのプロジェクトが官僚制システムの組織構造を形成していると見ることができる。このような官僚制システムの仕組みは、余分なコストを払わずに、できるだけ少ないコストで、できるだけ多くの便益を得るために都合がよく合理性の追求のためには最も適切な組織構造とされる。しかしながら、官僚制システムが内包する最も本質的な問題として、合理的に組織を管理運営するため人間的な要素を排除しようとすることが指摘されている(桑田・田尾, 2010)。極端に言えば、ヒエラルヒーの最下層にあたる下請け企業で働くIT技術者は、あらかじめ定められた仕様、納期およびコストの中でプログラムを開発する、あたかも機械であることを強要されている。自律性が制限された下請け企業では、個人の自律性の発揮が阻害されるのは理の当然といってよいだろう。

　以上、分業構造内の位置によるIT企業およびIT技術者の労働環境の特徴を見てきた。ここからわかることは、下請け企業であるほど企業規模が小さく、また下請け企業で働くIT技術者ほど労働時間が長く、賃金水準は低く、自律性が制限されていることであった。

(4) 小括

　本節では、IT技術者を取り巻く産業構造に着目し、分業構造の特徴を見てきた。まず、我が国のIT技術者の多くは、受託ソフトウェア業に在籍することと、そこにはピラミッド型の分業構造が形成されていることがわかった。ただし、分業構造における企業の位置を特定することは難しく、財務的指標だけで元請け型および下請け型の類型を決めることに限界があることが示された。次に、下請け企業の特徴を検討することを通じて、企業規模および労働環境(労働時間、賃金および自律性)の側面から、下請け企業の特徴を見出すことを試みた。その結果、下請け企業の企業規模は小さく、そこで働くIT技術者の労働時間は長く、賃金は低く、自律性が制限されていることがわかった。これらの知見は、下請け企業では設計工程やプロジェクト・マネジメントを経験できないというIT技術者のキャリア発達上の制約に加えて、能力向上へのモチベーションを阻害する要因に満ちていることを表すも

のである。以上のことから、IT企業の産業構造上の位置づけが、そこで働くIT技術者の能力限界感に影響を及ぼしていることが予想される。またこの点は、第4節で議論したIT技術者の能力限界感を高め得る要因と重なる指摘である。以上の議論に基づき、本書の第3の研究課題を次の通り設定する。すなわち、元請け、および下請け等のIT企業の産業構造と、個人の能力限界感との関連性（産業構造要因）を明らかにすることである。

第9節　小括

　本章では、技術者を取り巻く環境および技術者の能力限界問題について先行研究を概観し、本書の背後にある問題を整理してきた。各節の要点を、改めて整理しておきたい。第1節では、技術者を取り巻く社会的環境を概観し、技術者の成長と停滞の問題が「課題先進国」日本が今直面する最重要課題であることを述べた。また、これを解決することが日本のみならず世界の国々がいずれ直面する諸問題の解決にあたり、有益な示唆を与えるものになるとの考えを述べ、ここに本書の意義があることに言及した。第2節では、企業における技術者全般の人材類型と特徴を整理したうえで、本書がIT技術者に着目する理由に触れた。続く第3節で、IT技術者の定義とキャリア形成に関する先行研究をレビューし、本書におけるIT技術者の定義を情報処理推進機構（2012）の定めるITスキル標準で定義されている職種に限定することを述べた。さらに、第4節において、IT技術者のキャリア形成の特徴を整理したうえで、第5節から第7節において本書の3つの研究課題を整理した。この後、3つの研究課題を解明するため、IT技術者の能力限界現象を理論的に枠組化する必要がある。次章では、分析枠組みを構築するために、本書が依拠する理論群のレビューを行う。

第3章 能力限界問題の理論的フレームワーク

　本章では、第2章で設定した3つの研究課題に対応する分析枠組みを構築するために、本書が依拠する理論群のレビューを行う。まず、IT技術者の能力限界感を捉える概念としてケイパビリティ・ビリーフに着目する。次に、ケイパビリティ・ビリーフに関連する理論群のレビューを通じて、個人的発達要因、職場環境要因および産業構造要因が能力限界感に及ぼす影響の検証モデルを構築する。具体的には、キャリア・プラトー理論と自己効力感理論を用いた枠組み化を試みる。本章の第1節でケイパビリティ・ビリーフ概念のレビューを行い、続く第2節および第3節でキャリア・プラトー理論と自己効力感理論のレビューをそれぞれ行う。

第1節　ケイパビリティ・ビリーフ

　ケイパビリティ・ビリーフとは社会認知心理学に源を持つ概念であり、その意味は「ある目的を達成するために必要となる能力保有に対する信念」（Ford, 1992）である。本節では、信念やステレオタイプ等、ケイパビリティ・ビリーフの近接概念を整理したうえで、本書におけるケイパビリティ・ビリーフの定義を定める。そのうえで、ケイパビリティ・ビリーフの視点から、IT技術者の能力限界感の概念操作化を試みる。

(1) 信念とその形成

　信念（ビリーフ，belief）とは、ある対象が特定の属性と結びついているという認知（Fishbein & Ajzen, 1975; 松尾, 2006）のことである。信念の例として、「技術者は、コミュニケーションが苦手だ」や「私は、人見知りな性格だ」等があげられる。この例でいえば「技術者」または「私」が、ある対象に相当し、「コミュニケーションが苦手」または「人見知りな性格」が、特定の属性に相当する。そして、それぞれが結びついているとする認知のことを、信念と呼ぶ。また、人は自己や環境についての信念をスキーマ（複数の信念が連結してできた構造体）化することで外界の現象を理解し、どのように行動すべきかの意思決定をしている（西田, 2000）。このように、信念は世界をどのように見るかを決定するフィルターの役割を果たし、行動を方向付ける機能を持つ。また信念とは、持ったり、捨てたりできる所有物のようなものであり（Abelson, 1986）、それゆえ経験によって変化するものである。

　信念は、言語によって成立していることからわかるように、人間の言語行動のひとつとして捉えることができる。そして信念が言語行動であるならば、人間の行動原理に基づく学習モデルを、信念の形成メカニズムにあてはめて考えることが可能である。この点について、Fishbein & Ajzen（1975）は同じ内容の信念でも、その形成プロセスには違いがあるとして、信念をその形成プロセスの違いから3種類に分類している。すなわち、①ある対象を直接的に経験することで形成された「記述的信念（descriptive beliefs）」、②すでに持っている記述的信念をベースとして推論によって形成された「推論的信念（inferential beliefs）」、③外部からの情報によって形成された「情報的信念（informational beliefs）」である。例えば、ある者が「技術者は40歳前後で能力限界が訪れる」という信念を持つ場合、数多くの40歳前後の技術者と仕事を行った自らの経験に基づいているならば記述的信念であり、特定の40歳前後の技術者と仕事を行った経験を基に推論したものならば推論的信念であり、雑誌や同僚の情報を基に形成されたものならば情報的信念となる。

　本書の問題意識に基づけば、本書における、特定の属性と結びついている「ある対象」は、自身の能力である。また、本書における「特定の属性」は、限界の大きさとなろう。つまり、本書は、自身の能力に対する信念、すなわ

ち自身の能力が限界であるか否かの認知とその規定因を明らかにする研究である。

(2) 信念とステレオタイプ

先の例であげた「技術者は、コミュニケーションが苦手だ」といった信念のように、人は、対象をなんらかの社会的カテゴリー（ここでは、技術者という社会的カテゴリー）にあてはめて、その対象を特定の属性（ここでは、コミュニケーションが苦手という属性）に結びつけた認知を形成することがある。特に、社会的カテゴリーが特定の属性に結びついた認知を、特定の個人の中だけでなく集団成員が共有している場合、この共有化された信念のことをステレオタイプと言い換えることができる。

ステレオタイプとはギリシャ語の"stereos"と"typos"という2つの語の複合語であり、印刷に用いる金属板（ステロ版）もこの語で表現される。ステレオタイプという語が使われ始めたのは19世紀前半といわれているが、ステレオタイプを人間が持つひとつの特徴を表現する語として用いるようになったのは、ジャーナリストのウォルター・リップマン（Lippmann, W.）とされる。社会を観察するときに、個人が頭の中に持っている青写真のことをステレオタイプとリップマンが表現してから以後、ステレオタイプは社会心理学の中で、常に研究の対象として関心を集めている。その理由は、ステレオタイプが単に個人の頭の中にある青写真だからなのではなく、その青写真が個人間で共有されているからである（宮本, 2005）。またDevine（1989）は、個人が社会化の過程で学習するステレオタイプと、そのステレオタイプが真実かどうかについての個人の信念とは区別するべきだと主張している。さらに、高偏見者はステレオタイプと個人の信念が一致しやすいためステレオタイプに基づく判断をしやすいが、一方で低偏見者はステレオタイプとそのステレオタイプが真実かどうかについての信念は区別されるためステレオタイプに基づく判断を行いにくくなるという。

信念およびステレオタイプという語を手がかりに、本書の立ち位置を示すと、以下の通りとなる。前章において、IT技術者の能力限界年齢意識に関する先行研究のレビューを通じて、これまでの研究が個人の主観的能力感に

着目してこなかったことに言及した。ステレオタイプの議論から見れば、これまでの研究は日本の技術者という社会的カテゴリーに対する属性に着目したものであったといえる。そして日本の技術者は40歳前後になると能力限界が訪れるという日本の組織社会で共有された共通の信念、すなわちステレオタイプの存在を、これまでの研究は明らかにしてきたと解釈することができる。これに対して本書では、特定の個人が持つ、自身の能力に対する信念を扱う。

(3) ケイパビリティ・ビリーフの操作的定義

　前々項で、本書では自身の能力に対する信念を扱うことを述べた。また前項において、本書は、組織成員に共有された信念ではなく、特定の個人が持つ信念に着目する点に触れた。これを受けて本項では、自身の能力に対する信念を意味するケイパビリティ・ビリーフの概念を用いて、本書におけるIT技術者の能力限界感の定義を行う。ケイパビリティ・ビリーフとは「ある目的を達成するために必要となる能力保有に対する信念」(Ford, 1992) のことである。そこで、本書の文脈から想定される「ある目的」を考察した後、本書におけるケイパビリティ・ビリーフを再定義し、能力限界感の概念操作化を試みる。

　「ある目的」として、まず考えられるものは、ITスキル標準で定義された一連の能力体系によって表された到達目標である。ITスキル標準には職種ごと・レベルごとに詳細な能力水準が定義されており、これを参照することで、個人が「目標」とする職種やレベルを明確化することができる。しかし現実的には、個々人の目標は、個人と組織の双方の価値観の摺り合わせを経て最終的に決定されるものである。それゆえ「ある目的」を個別的に具体化した形であらかじめ表すことは困難である。そこで、第1章で述べた本書の目的、すなわちIT技術者のマネジメントのあり方を探ることを踏まえ、本書では「ある目的」を「職務遂行」と幅広く捉える。以上の議論を踏まえ、本書におけるケイパビリティ・ビリーフの定義を「職務遂行上、必要となる能力に対する信念」と定める。そのうえで、この概念を通してIT技術者の能力限界感の概念操作化を行う。

(4) 能力限界感の概念操作

　本書は、IT技術者の能力限界問題を主たるテーマとして取り上げていることは繰り返し述べている。その背景にあるものとして、中年期以降の技術者の活用が企業において重要な人事・経営課題となっていることや、日本の技術者の過剰な能力限界年齢意識を払拭し技術者の効果的な育成と活用を図ることが、技術系人材のマネジメントにおける根本的課題のひとつ（福谷, 2007）になっている点を改めて強調しておきたい。それゆえ能力限界問題にアプローチするにあたっては、IT技術者が持つ、自らの能力に対するネガティブな信念に着目することがまず求められよう。なぜなら、ネガティブな信念の形成要因を明確化することにより、技術者の能力限界問題の解決に向けた実践的な示唆を得ることが期待できるためである。しかしながら、技術者の効果的な育成と活用を図るためには、技術者のネガティブな信念に着目するだけでは物足りないことも事実である。つまり、技術者が高い職務パフォーマンスを発揮しキャリアを開発していくためには、ポジティブな側面にも注目する必要があろう。ポジティブ心理学の言葉を借りれば、人間の弱さと同じくらい強さに注目し、最悪のものを修復するのと同じくらい最高のものを築き上げることに関心を持つ（Peterson, 2006）ことで、問題の本質により接近することが可能になると考えられるためである。

(4-1) 能力発揮の限界感

　そこで、本書では能力限界問題をケイパビリティ・ビリーフで捉えるにあたり、2つの相対する側面からアプローチすることを試みる。ひとつは、ネガティブなケイパビリティ・ビリーフすなわち自身の能力に対するネガティブな認知の側面である。これを本書では「能力発揮の限界感」と命名する。そして、能力発揮の限界感を「職務遂行上、必要となる能力の保有、発揮、および今後の能力向上への期待に対する否定的な認知」と定義する。

(4-2) 能力発揮の効力感

　もうひとつは、ポジティブなケイパビリティ・ビリーフすなわち能力に対するポジティブな認知の側面である。これを本書では「能力発揮の効力感」

と命名する。そして、能力発揮の効力感を「職務遂行上、必要となる能力の保有、発揮、および今後の能力向上への期待に対する肯定的な認知」と定義する。

(5) 小括

本節で導き出した概念を用い、改めて本書が着目するIT技術者の能力限界感を定義すると次のようになる。すなわち、IT技術者が能力限界を知覚している状態とは「能力発揮の限界感が高く、能力発揮の効力感が低い状態」を指す。このように能力限界感を2次元(能力発揮の限界感、能力発揮の効力感)で捉えることに加え、本書では年齢、職場環境および産業構造の3つの視点から、複合的かつ立体的にIT技術者の能力限界問題にアプローチする。そして本書では、ネガティブな側面のケイパビリティ・ビリーフに対応する理論としてキャリア・プラトー理論を、ポジティブな側面のケイパビリティ・ビリーフに対応する理論として自己効力感理論を準用し、仮説モデルを構築する。そこで以下の節では、キャリア・プラトー理論と自己効力感理論の主な論点について整理する。

第2節 キャリア・プラトー理論

IT技術者の能力限界問題をケイパビリティ・ビリーフの概念で捉えると、ひとつの側面はネガティブなケイパビリティ・ビリーフ、すなわち職務遂行上、必要となる能力に対するネガティブな認知であることがわかる。本書ではこれを能力発揮の限界感と呼ぶことは前節で述べた通りである。能力発揮の限界感をより一般化すると、キャリア発達の停滞と捉えることができ、キャリア発達の停滞はキャリア・プラトー現象として多くの研究が行われ数々の知見が蓄積されている。そこで本節ではキャリア・プラトー研究の先行研究を概観し、本書の問題意識に関連する論点を整理する。

(1) キャリア・プラトーの定義

先行研究におけるキャリア・プラトーの定義は多様である(表3-1)。中で

表3-1 キャリア・プラトーの主な定義と提唱者

提唱者	定　義	備　考
Ference, et al.（1977）	現在の職位以上の昇進の可能性が非常に低い状態	対象は管理職現在以上の職階上の昇進の可能性に注目
Bardwick（1986）	人生の重要な局面が安定したときに、かなり大きな不満を感じる状態	構造的プラトー状態、内容的プラトー状態、ライフ・プラトー状態を分けて議論
Cron & Slocum（1992）	責任および報酬に関して、現在以上の明らかな増加が見込めない状態	責任および報酬の割り当てに注目
Lee（2003）	仕事のやりがいに欠け、仕事を通じた専門技術やエンプロイアビリティの獲得機会に乏しい状態	対象は専門職専門的能力の停滞に注目 professional plateau と定義

も、最も有名なものとして Ference, Stoner & Warren（1977）の「現在の職位以上の昇進の可能性が非常に低い状態」があげられる。この定義の背景には、1970年代当時のアメリカが直面していた企業経営の量的規模の縮小による管理職の削減や、ベビー・ブーマー世代の存在、女性やマイノリティの昇進競争への参入などの点が大きく影響を与えている（山本, 2003）。つまり、社会環境の変化に伴い昇進競争が激しくなることによって、昇進の頭打ちというそれまでにはなかったか、あるいは目立つことのなかった新たな事象の出現に伴い、従業員の組織行動に影響を及ぼしうる昇進の頭打ちという現象を概念化したうえで論じる必要性が生じてきたということである。

一方、Bardwick（1986）は、心理学的側面からキャリア・プラトー現象を捉え「人生の重要な局面が安定したときに、かなり大きな不満を感じる状態」と定義した。先の Ference, et al.（1977）の定義に対し、キャリア・プラトーにより広義な意味を付与するとともに、キャリア・プラトー現象は外的（structural）、内的（content）、ライフ（life）の3種類に分けて捉えることができるとした。ここで、外的なプラトー現象とは Ference, et al.（1977）の定義すなわち昇進の頭打ちと類似した領域での停滞状態を指す。内的なプラトー現象とは仕事の内容そのものに対する頭打ちの状態であり、ライフ・プラトーは仕事に限らず人生全体の頭打ちの状態を指す。

また、Cron & Slocum（1992）は、キャリア・プラトー現象の対象を個人に与えられる責任や報酬にまで広げた。さらに、Lee（2003）は、労働集約型から知識創造型へ産業構造が変化したことにより、従業員の関心が従来型の組織内キャリア重視から専門的キャリア重視に変化しつつあることを主張する。これに伴い、キャリア・プラトー現象は昇進の停滞から専門的能力の停滞に変容しつつあるとし、新たな概念としてプロフェッショナル・プラトー（professional plateau）を提示した。プロフェッショナル・プラトーとは「仕事のやりがいに欠け、仕事を通じた専門技術やエンプロイアビリティの獲得機会に乏しい状態」のことを意味する。

　なお、Chao（1990）は客観的な指標では個人のキャリアの停滞感を捉えることが困難であると指摘し、キャリア・プラトー現象を個人の主観的変数で測定すべきだと主張している。実際、客観的変数より主観的変数の方が、キャリア・プラトーと従業員の職務行動との関連性が高いという（Chao, 1990）。この点は、本書がIT技術者の能力限界を論じるにあたり、個人の認知に焦点を当てていることの妥当性を支持するものである。

(2) キャリア・プラトー研究から見たケイパビリティ・ビリーフの概念

　前項で見たように、キャリア・プラトー現象に対して多様な視点から様々な定義を各論者が付与している。また時代を追うごとに、また時代ごとの、その国が置かれている経済環境や社会環境に影響を受けながらキャリア・プラトーの定義が多様化していることがわかる。今の日本の経済環境、日本の技術者を取り巻く社会環境、および本書の問題意識は第2章で述べた通りである。そのような日本の文脈下におけるIT技術者のキャリア・プラトーは、前節で触れたIT技術者のネガティブなケイパビリティ・ビリーフ、すなわちIT技術者の能力発揮の限界感のひとつの現れと捉えることができる。

　なお、Lee（2003）が定義したプロフェッショナル・プラトーと、本書のネガティブなケイパビリティ・ビリーフの違いを確認しておきたい。プロフェッショナル・プラトーとは、現在の仕事に就いている限り、新たな専門的能力の獲得が期待できないと本人が感じている状態を表すものであった。つまり、プロフェッショナル・プラトーの特徴は、専門的能力の獲得が期待で

きない理由が現在の仕事内容にあり、停滞状態の帰属因がその定義に包含されている点にある。一方、本書が扱うネガティブなケイパビリティ・ビリーフは仕事内容だけを停滞状態の原因に限定するものではない。当然ネガティブなケイパビリティ・ビリーフが生じる源には、新たな専門的能力の獲得が期待できそうにない仕事内容も含まれるであろう。しかしそれは、考えられる要因のひとつでしかない。このように考えれば本書のネガティブなケイパビリティ・ビリーフは、プロフェッショナル・プラトーを包含する概念であると整理できる。

　プロフェッショナル・プラトーとIT技術者の能力限界感の概念整理に関して、古田・藤本・田中（2013）が能力限界感の原因帰属の観点から、IT技術者の能力限界感とプロフェッショナル・プラトーの概念を比較し考察している。古田他（2013）は日本のIT技術者589名の定量データを分析し、日本のIT技術者は能力限界感の原因帰属先を現在の仕事に帰属させるよりも、自身の能力に帰属させる傾向が強いことを明らかにしている。すなわち日本のIT技術者は現在の仕事を続けても能力開発に繋がらないから能力限界感を知覚しているというよりも、技術の進歩に自分自身の能力がついていかないから能力限界感を知覚しているという。ただし、全てのIT技術者が技術の進歩に自分自身の能力がついていかないことを能力限界感の知覚の理由としているわけではなく、現在の仕事を続けても能力開発に繋がらないことを能力限界感の知覚の理由にあげる者も一定数は存在する。このことから、日本のIT技術者の能力限界感を検討するにあたり、原因帰属を概念定義に含むプロフェッショナル・プラトーをそのまま適用するのではなく、より原因帰属を限定しない概念すなわち能力発揮の限界感で捉えておく方が望ましい。

(3) キャリア・プラトーに影響を与える要因

　これまでのキャリア・プラトー研究には、キャリア・プラトーと職場環境との関係を明らかにしたものが多く存在する（Chay, Aryee & Chew, 1995; Lapalme, Tremblay & Simard, 2009; 松下・田中・吉田・杉本・雨宮, 2010; Trembay, Roger & Toulouse, 1995; Wickramasinghe & Jayaweera, 2010; 山本, 2003）。本項では、第2章で言及した能力限界感を強める鍵概念である、上司サポートお

よび革新的な職場風土に着目し、それらが主観的キャリア・プラトーに与える影響を検討した先行研究を見ておきたい。

(3-1) 上司サポートがキャリア・プラトーに及ぼす影響

松下他（2010）は、メンター（良き指導者・助言者）を得やすい環境が、病院に勤務する看護師の主観的キャリア・プラトーに、負の影響を及ぼすことを明らかにしている。また Lapalme, et al.（2009）は、キャリア・プラトー化によって生じる心理プロセスにおいて、上司サポートが重要な役割を果たしていることを明らかにした。具体的には、キャリア・プラトーの組織コミットメントに及ぼす負の影響が、上司サポートによって抑制されるというものである。さらに、Tremblay, et al.（1995）は、上司との関係性は主観的キャリア・プラトーと有意に関連することを明らかにしている。一方 Chay, et al.（1995）は、職務満足度に対する、上司サポートと主観的キャリア・プラトーの交互作用効果を検証している。その結果、上司サポートと主観的キャリア・プラトーは、職務満足度に対し主効果を有するものの、交互作用効果は認められないとのことであった。以上のように、上司サポートや上司との良好な関係性が主観的キャリア・プラトー化を抑制することを指摘する研究が多い。しかし、IT技術者を対象に、上司サポートとキャリア・プラトーとの関連性を明らかにした研究はない。

(3-2) 革新的職場風土がキャリア・プラトーに及ぼす影響

技術革新のスピードが速まる中、技術者のキャリア・プラトーを防ぐために、職場の革新的風土が重要であることを示唆する研究も多く見られる（Bardwick, 1986; Hamel & Green, 2007; 野村, 2008）。例えば Bardwick（1986）は、技術者のキャリア・プラトー化に対処するために、技術者の自己革新が促進されるような環境作りが技術者のマネジメントにおいて重要であると説く。また日本の多くの企業ではイノベーションの重要性が叫ばれる一方、社員一人ひとりの働き方は創造的というよりも、むしろ疲弊感や繁忙感が高くイノベーションとは無縁な働き方に陥っていると野村（2008）は指摘する。野村（2008）の指摘は、職場の革新的風土とキャリア・プラトーとの関連を

直接的に論じたものではないものの、疲弊感を生み出すような非革新的風土が技術者の職務遂行を阻害し、技術者のキャリア・プラトー化を強める方向に影響することを示唆するものである。他方、グーグルに代表される革新的と称される企業では、社員が職務範囲外のプロジェクトに取り組むことを奨励し、全ての技術者が自分の時間の20%を会社のコアビジネスとは関係のないプロジェクトに自由に投入することができる。グーグルはこのような方法で優秀な人材を引き留め、幅広い関心を持つ好奇心旺盛な技術者を採用し、これらの社員がグーグルを辞めなくても個人的な関心を追求することができる環境づくりに成功しているという（Hamel & Green, 2007）。グーグルの技術者は、新しいことに挑戦することが奨励されるような環境に置かれることでイノベーションを創出するだけでなく、自身のキャリア・プラトー化を抑制することに成功していると考えられる。以上のように、職場の革新風土が社員のキャリア・プラトーを防ぐために重要であることを指摘する研究は多い。しかし、職場の革新風土がIT技術者のキャリア・プラトーに及ぼす影響を、定量的なアプローチで明らかにした研究は見当たらない。

第3節　自己効力感理論

　ケイパビリティ・ビリーフは、一般的に自己効力感や有能感で捉えられることが多い。自己効力感（self-efficacy）とは、社会的認知理論（Bandura, 1986）の中核となる概念のひとつである。社会的認知理論は、行動主義の立場から個人の学習過程や動機付け等を扱う理論であり、また環境・認知・行動の3者を統合し、その中心に認知をおくことで、多様な人間行動の因果を統一的に説明しうる人間行動の包括的理論とされる。この中で、自己効力感とは、ある課題を遂行できる可能性についての自分自身の持つ期待を指し、簡単に言えば自らの能力発揮に対する自信のことをいう。自己効力感は行動に直接的に影響を与えると仮定されており、ある特定の課題に対する自己効力感が高ければ、その課題に対して頻繁には働きかけ、それが良い結果にもつながる。逆に自己効力感が低ければ、課題に応じた行動を避けるようになり、従って得られる結果のレベルも落ちることが予測される。自己効力感は、

課題の遂行にあたりどれだけの努力をし、障害にあってもどれだけ耐えられるかを決定するとされている。また、自己効力は操作可能であり、従って行動を変容させることもできるとされている。

(1) 自己効力感の源

　自己効力感は自己の能力に関する認知であるが、その認知は何らかの情報源によって形成される。Bandura（1995）は、自己効力感に変化をもたらす源として、制御体験、代理体験、社会的説得および生理的・感情的状態の4種類があるとした。効力についての信念である自己効力感の4つの源は、人が物事を認知するプロセスにおける情報として選択・比較検討されたうえで自己効力への認知へと統合される。Banduraの4つの源の記述は1977年、1995年、1997年の論文および著作において部分的に変化しているが、それらを整理したものが表3-2である。

　第1の源である制御体験は、いわゆる成功体験である。強い自己効力感を持つために最も効果的な方法であるとされる。制御（mastery）は、今ここで起きている出来事を自分自身が制御できている感覚ともいえるであろう。制御体験には大小様々なレベルがあり、より困難な状況下で得られた制御体験の方が強い自己効力に結びつくとされている。また、単なる成功体験ではなく自分が主体となって行動した結果としての成功が制御体験と呼ばれるものである（杉浦・枝川, 2012）。一方、失敗体験は自己効力感に負の影響を与え、学習性無力感を生起させる。学習性無力感理論（Seligman & Maier, 1967）については次項で詳細を述べる。

　第2の源である代理体験は、モデルとする他者を観察することで自己効力感が得られる体験のことでありモデリングとも呼ばれる。これは、自己が他者の行動や経験に対して抱く認識であると考えられる。人間は忍耐強く努力して成功する他者を見ると自分も同様のことを成功させることができる能力を持つとの信念を獲得できる。逆に、努力したにも関わらず失敗した人を見ると自己効力感は弱まるとされている。モデリングによる影響は、自分とモデルとの類似性および近似性と強い関連があるとされる。

　第3の源である社会的説得は、他者の自己に対する言葉による説得や励ま

表3-2 自己効力感に変化をもたらす4つの源と影響

	ポジティブ	ネガティブ	認識の種類
Mastery Experiences (制御体験)	成功体験や達成経験の蓄積など	失敗体験や学習性無力感など	自己が自己の経験に対して持つ認識
Vicarious Experiences (代理体験)	自分と条件の似た他者の成功をモデルとして観察することなど	自分と似た他者の失敗を観察することなど	自己が他者の経験に対して持つ認識
Social Persuasion (社会的説得)	周囲から能力について励まされたりすることなど	一方的叱責・無関心と感じることなど	他者が自己に対して行う説得
Physiological and Mood States (生理的・感情的状態)	できないという思い込みから自分を解放することなど	体調や気分がすぐれないことなど	自己が自己の状態

Bandura（1977, 1995, 1997）、杉浦・枝川（2012）を参考に作成

しによって「自分はできる」との自己認識を持つに至ることである。その内容は必ずしも事実に基づくとは限らないが、結果として実際の成功につながる可能性を高めることから、ポジティブ・フィードバックが始まることも多いと考えられる。ただし、社会的説得のみで自己効力感を身につけることは困難であることはいうまでもない。周囲の説得に応じて努力を行っても、必要な知識や能力を備えていなければ結果的にタスクの完遂やパフォーマンスへの統合はさらに難しく、かえって自己効力感が否認される場合もある。

　第4の源である生理的・感情的状態は、体調や気分のことであり、自己効力感に影響を与える自己の身体的・精神的な状態のことである。仮に自ら成功体験を持ち、周囲に良いモデルを得、さらに周囲からの説得や励ましがあっても、人間は自分の体調や気分に影響を受ける。換言すれば、体調に配慮し、ストレスを減らし、ネガティブな感情をできるだけ持たせないように努めることができれば自己効力感を高めることにつながると考えられる。

(2) 学習性無力感

　前項で、自己効力感を持つために最も効果的な方法は、制御体験を多く積むことであることを述べた。一方、失敗体験は自己効力感に負の影響を与え学習性無力感を生起させることにも触れた。本項では、学習性無力感理論

(Seligman & Maier, 1967)について触れておきたい。学習性無力感理論とは、個人と環境の間の不適応状態を説明するモデルとして提唱された理論である。学習性無力感の概念が用いられる分野は多岐に渡り、ドメスティック・バイオレンスやスチューデント・アパシーの大学生、燃え尽き症候群に陥る介護従事者等、人々の心理状態を理解する際に学習性無力感の概念が適用されている（荒木, 2003; Greer & Wethered, 1984; Peterson & Seligman, 1984）。学習性無力感理論では、学習性無力感に至る過程および学習性無力感の症状を以下のように整理している。

　学習性無力感の生起に至る過程には、①経験、②認知、③予測の3段階があるとされる。まず、統制不可能な事態を繰り返し経験すること。次に、自分が直面している状況は統制不可能なものであると認識すること。最後に、将来においても自分の行動に結果は随伴しないであろうという統制不可能性の予測が形成される。

　次に、学習性無力感の症状には、①動機付けの低下、②認知的障害、③情動障害の3つの障害があり、これらの障害は状況を越えて般化する。特に認知的障害とは、統制不可能性を学習したことによって、正確な状況認知ができなくなる。また、後続する課題や状況が統制可能なものに変わっても自分の行動が有効であることを認知できず、成功に対する認知に歪が生じる状態である。

(3) キャリア発達における自己効力感

　次に、自己効力感とキャリア発達との関わりに関する先行研究を概観する。自己効力感をキャリア関連領域に応用した研究は、Hackett & Betz（1981）が女性のキャリア発達を理解するために自己効力感理論からアプローチしたことに始まった（Hackett, Lent & Greenhaus, 1991; Hackett & Watkins, Jr., 1995）。女性が今までの社会的経験から男性中心の職業に対して低い自己効力を持っていることが、自己の可能性の過小評価につながり、そういった職業を選択・追求することへの障害になっているのではないかと問題提起したのである（廣瀬, 1998）。これが出発点となって、キャリア発達に関する自己効力感研究は拡大し、現在では内容的に大きく3つに分類することができる。

その3つとは、キャリア選択に対する自己効力、キャリア選択過程に対する自己効力、そしてキャリア適応に対する自己効力である。このうち、本書の問題意識に最も関連する領域が、キャリア適応に対する自己効力研究である。

　キャリア適応とは、Betz & Hackett（1986）によれば、キャリアを選択し、その選んだ職業において満足と成功を得ることを指す。自己効力感理論をキャリア適応にも応用できるという可能性は、Betz & Hackett（1986）やLent & Hackett（1987）で指摘されており、例えば保険営業職の保険セールスに対する自己効力と営業成績との関連を示した研究（Barling & Beattie, 1983）や、大学の研究者の研究、教授、学校運営等の仕事に対する自己効力を調査したもの（Schoen & Winocur, 1988; Landino & Owen, 1988; Vasil, 1992）、あるいはキャリア・カウンセリングを行う臨床専門家に必要な自己効力を論じた研究（Bush, Powell & Herzberg, 1993）等がある。ただし、これまでのところ記述を主とした研究が多く（坂野・前田, 2002）、またキャリア適応に対する自己効力感研究は守備範囲が広いため、バラエティに富んではいるものの表面的な段階にとどまっている（廣瀬, 1998）。このような中、近年、キャリア適応に対する自己効力感研究の中で注目されているキーワードが、キャリア・アダプタビリティ（career adaptability）である。産業構造の変化に応じて個人のキャリア発達のあり方も変わりつつあり、バウンダリーレス・キャリア（境界線なきキャリア）（Arthur, 1994）やプロテウス・キャリア（変幻自在なキャリア）（Hall, 1976）等、個人のキャリア発達の動きを表す新しい概念が登場している。また、変化の激しい今日の社会状況を踏まえ、キャリア構築理論（Savickas, 2005）等の新しい理論が提出されている。キャリア構築理論は、社会的な文脈の中での発達過程に焦点を当てる点が特徴で、特に環境の中で個人がどのようにキャリアを作り上げていくのかを論じるうえで適応という考え方を重視する。また、適応を重視する考え方は、キャリア構築理論だけの特徴ではなく、現在のキャリア発達理論の趨勢でもあるとされる（白井・下村・川崎・若松・安達, 2009）。そして、キャリア構築理論を構成する主要な概念のひとつが、キャリア・アダプタビリティである。それは「あらかじめ備えておくとか、仕事上のある役割に就くというように予測の出来る課題に対処するレディネスと、仕事や仕事の状況の変化によって適応を余

表3-3 キャリア・アダプタビリティの次元

Career Concern キャリア関心	未来志向つまり未来に備えることが重要であるという感覚
Career Control キャリア統制	自らのキャリアを構築する責任は自分にあると自覚し確信すること
Career Curiosity キャリア好奇心	個人と職業を適合させるために、好奇心を持って職業に関わる環境を探索すること
Career Confidence キャリア自信	進路選択や職業選択を行う際に必要となる一連の行動を適切に実行できるという自己効力感

Savickas（2005）を参考に作成

儀なくされる予測のできない変化に対処するレディネス」（Savickas, 2005）と定義され、生涯にわたるキャリア発達を評価する指標として使用可能であると、提案されている。

　Savickas（2005）によると、キャリア・アダプタビリティは表3-3に示すように、キャリア関心、キャリア統制、キャリア好奇心およびキャリア自信の4つの次元から構成される。また、キャリア・アダプタビリティを構成する下位次元の中で、最も重要な次元とされているのがキャリア自信であるとされる。キャリア自信とは、進路選択や職業選択を行う際に必要となる一連の行動を適切に実行できるという自己効力感を意味しており、これは、本書で言及してきたポジティブなケイパビリティ・ビリーフに近い概念である。キャリア・アダプタビリティに関連する先行研究を見ると、キャリア自信は加齢に伴い高まることが明らかにされている（杉浦・枝川, 2012; 益田, 2009）。ただし、益田（2009）は、キャリア自信は40歳まで上がり続けた後、一旦減少に転じ、51歳以上で再び上昇することをアンケート調査により明らかにしている。以上のように、キャリア・アダプタビリティをはじめとしたキャリア適応に対する自己効力感研究は、徐々に蓄積されつつあるものの緒についたばかりである。今後、より実証的な研究が期待されているところである。

第4章 仮説の構築

　本書の問題意識は、第1章で述べた通り、IT技術者の能力限界感は加齢に伴い一律的に生じるものではなく、個人差によるものであることを主張する点にある。また、行動主義の立場から、この個人差の要因が個人の背後にある環境（職場環境および産業構造）にあることを検証するものである。そして第2章では、先行研究のレビューを通して、本書における3つの研究課題を設定した。すなわち、①IT技術者の年齢が、個人の能力限界感に及ぼす影響（個人的発達要因）、②上司サポート、職場風土等のIT技術者を取り巻く職場環境が、個人の能力限界感に与える効果（職場環境要因）、そして③IT企業に特徴的な産業構造（産業構造要因）と、個人の能力限界感との関連性を明らかにすることである。さらに第3章では、本書が依拠する理論群のレビューを行った。これを受けて本章では、先にあげた3つの研究課題に対応する仮説を導出する。

　仮説は、3つの研究課題に対応する。第1の仮説は、個人的発達要因に関するものである。具体的には、IT技術者の年齢が技術者としての能力限界感に及ぼす影響、すなわち加齢効果を検証する。第2の仮説は、職場環境要因に関するものである。具体的には、IT技術者を取り巻く職場環境が、個人の能力限界感に与える影響を検討する。職場環境要因に関する仮説は、第2章で行ったIT技術者の能力限界年齢意識の議論に依拠しつつ、第3章で

レビューしたキャリア・プラトー理論および自己効力感理論に基づき構築する。第3の仮説は、産業構造要因に関する仮説である。具体的には、IT技術者を取り巻く産業構造が、個人の能力限界感に与える影響を検討する。産業構造要因に関する仮説は、第2章で整理したIT産業の産業構造の特徴を参考にし、第3章でレビューした学習性無力感理論に基づき構築する。以降の節では、第1節で個人的発達要因に関する作業仮説を提示し、続く第2章および第3章で、職場環境要因と産業構造要因に関する作業仮説をそれぞれ提示する。

第1節　個人的発達要因に関する作業仮説

　本節では、個人的発達要因に関する作業仮説（仮説1から仮説4）を設定する。これまでの文献レビューで触れたように、日本企業の技術者の特徴として、能力限界年齢意識の存在が過去から指摘されている（石田, 2002; 日本生産性本部, 1991b; McCormick, 1995; 梅澤, 2000）。すなわち、1990年代から議論されてきた技術系人材のマネジメントに関する研究蓄積から、日本の技術者は、40歳前後で技術者としての能力限界を意識し始めることが明らかにされてきた。しかしこれらの知見は、能力限界の出現が年齢によるものか個人差によるものかの意識を検討したものに過ぎず、技術者本人の能力限界感が加齢に伴いどのように変化するかは不明なままである。

　本書は、技術者の能力限界感は加齢に伴い一律的に高まるものではなく、置かれた職場の環境により個人差があることを主張する。しかし、だからといって、この主張は能力限界感に対する加齢効果を無視するものではない。むしろ、加齢に伴う能力限界の知覚の高まりを前提として、職場環境や産業構造等、個人によって異なる環境の特性から能力限界感に差が生じることを主張するものである。従って、能力限界感に対する加齢効果にのみ着目すれば、一連の能力限界年齢意識に関する研究の知見から、年齢と能力限界感は正の関係にあることが予想される。

　ところで、能力限界感を能力発揮の限界感および効力感の2次元で捉えることは、第3章で述べた。また本書では、能力限界を知覚している状態を、

能力発揮の限界感が高く、能力発揮の効力感が低い状態として仮定する。この仮定に従えば、年齢と能力限界感が正の関係にあることは、加齢に伴い技術者としての能力発揮の限界感は高まる一方で、能力発揮の効力感が低下することを意味する。

　しかしながら、加齢に伴い能力発揮の効力感が低下するとした点については検討の余地が残る。なぜなら、もし能力発揮の効力感が年齢とともに低下するのであれば、能力発揮の効力感が最も高い時期は企業への入社時点か、あるいは学生時代に遡ることになりかねない。一般的に、労働者の自己効力感は、OJTや企業内教育を受け、また職務経験を積むこと等を通じて徐々に高まると考えられる。実際、学生の自己効力感に比べて労働者の自己効力感が高いこと（杉浦・枝川, 2012）や、加齢に伴い自己効力感が高まること（益田, 2009）が明らかにされている。また、IT技術者を対象に実施した研究においても、40歳未満より40歳以上のほうが、自己効力感が高いことが示されている（古田, 2012）。しかし、40歳以降も自己効力感が上がり続けるとは言い切れない。例えば、益田（2009）は40歳まで自己効力感が上がり続けた後、一旦減少に転じ、51歳以上で再び上昇することを明らかにしている。以上の知見を踏まえると、IT技術者の能力発揮の限界感は加齢に伴い高まり、そのピークは40歳前後に訪れる、すなわち40歳前後に急激に能力発揮の限界感が高まることが予想される。他方、IT技術者の能力発揮の効力感は、加齢に伴い向上するものの、IT技術者の能力発揮の限界感が急激に高まる40歳前後を境に、減少に転じると考えられる。これを、仮説1および仮説2として設定した。

仮説1：加齢に伴いIT技術者の能力発揮の限界感は高まり、そのピークは40歳前後に訪れる。
仮説2：IT技術者の能力発揮の効力感は40歳前後までは上昇し、それ以降は低減する。

　また、先行研究では、IT技術者とそれ以外の技術者（例えば、製造業の研究開発技術者）との間における、キャリア発達のスピードの違いが指摘され

ている。例えば、IT技術者の「35歳定年説」(下田, 1983) や、企業内でのIT技術者の昇格時期が他の職種（研究、設計・開発職）に比べて5歳前後早くなっているとの指摘（内藤, 2009）がある。それゆえ、IT技術者はそれ以外の技術者に比べると能力限界をより早く知覚する可能性があり、加齢に伴う能力発揮の限界感のピーク、および能力発揮の効力感が下降に転じる時期は、ともにIT技術者の方がそれ以外の技術者に比べて早く訪れることが予想される。そこで、次の仮説3および仮説4を設定した。

仮説3：加齢に伴う能力発揮の限界感のピークは、IT技術者の方が、それ以外の技術者に比べて早い年代で訪れる。
仮説4：能力発揮の効力感が下降に転じる時期は、IT技術者の方が、それ以外の技術者に比べて早い年代で訪れる。

第2節　職場環境要因に関する作業仮説

次に、職場環境要因に関する詳細な作業仮説（仮説5から仮説12）を設定する。第2章において、IT技術者のような自主的な気づきや問題解決を通じて成長する自律型人材を活かすためには、OJTの仕組みや企業内研修の実施等の制度面（ハード面）の整備だけでなく、上司との関係性や企業風土等のソフト面の充実が求められることを述べた。そして、企業内熟練形成に代わるIT技術者の人材育成の仕組みとして、自律性を促すような上司との関係性や、自主的な気づきや問題解決が促されるような革新的な組織風土が、IT技術者のキャリア発達を促進する要因として提示された。さらに、キャリア・プラトー研究においては、キャリア・プラトーと、上司サポートおよび革新的職場風土等との関係を明らかにしたものが多く存在することを見てきた。そこで本節では、上司サポートおよび革新的職場風土の2つの視点から、作業仮説を導き出す。

なお、一般的には、労働者の行動に影響を及ぼす職場環境要因として、上司サポートと革新的職場風土以外にも、労働時間や職務特性等、様々な要因が取り上げられることが多い。本書では、IT技術者の能力限界感に、特に

影響を及ぼし得る職場環境要因として上司サポートと革新的職場風土を取り上げるが、必ずしもそれ以外の要因（例えば、残業時間や年収等）が、IT技術者の能力限界感に影響しないことを主張するものではない。また、労働時間や職務特性等については、ひとつの企業内に閉じた職場環境レベルというよりも、IT企業を取り巻く産業レベルの特徴と捉え、産業構造要因の視点から分析を行う。

(1) 上司サポートと能力限界感の関係

キャリア・プラトー研究の中には、メンター（良き指導者・助言者）を得やすい環境や、上司サポートの手厚さと、主観的キャリア・プラトーとの関係について検討する研究が多く見られる（松下他, 2010; Lapalme, et al., 2009; Wickramasinghe & Jayaweera, 2010）。すなわち、上司サポートは主観的キャリア・プラトー（キャリアの停滞感）を抑制する。一方、キャリアの停滞感だけでなく、昇進等のキャリア発達の期待に対しても、上司サポートが及ぼす影響は少なくないと考えられる。なぜなら、たとえ昇進等の最終決定権を部門長や人事責任者が保有するとしても、決定に至るまでの検討過程において、直属の上司の意向がある程度反映されると考えられるためである。それゆえ部下は、上司から受けるサポートが大きいほど、昇進や前向きな異動の機会を得られると期待するはずである。

また、自己効力感理論では、自己効力感を高める要因のひとつに社会的説得が仮定されている（Bandura, 1997）。社会的説得とは、他者からの言葉による励まし等を指し、これらによって人は「自分はできる」との信念を獲得するとされる。また、社会的説得がネガティブな内容（例えば、否定的な評価等）に偏れば、人は「自分はできない人間だ」という信念を獲得する。実際、古田（2012）は、IT技術者の自己効力感に対して人間関係ストレッサーが負の影響を与えることを明らかにしている。この結果は、職場における上司サポートの手厚さがIT技術者の自己効力感を高めることを示唆するものである。

このように、キャリア・プラトー理論と自己効力感理論の知見から、職場における上司のあり方がIT技術者の能力発揮の信念の形成に影響を及ぼす

ことが予想される。以上の議論を踏まえ、IT技術者の能力限界感に影響を与える要因として、上司サポートを取り上げる。検証仮説としては、次の通り設定する。

仮説5：上司サポートは、能力発揮の限界感と負の関係にある。
仮説6：上司サポートは、能力発揮の効力感と正の関係にある。

ところで、上司サポートは、職業性ストレスモデルにおいて、職場で生起されるストレス反応の緩衝要因としても知られている（原谷・川上, 1999）。つまり、職場において生じる様々なストレス反応は、上司サポートにより緩和されるというものである。ストレス反応には、身体的反応、精神的反応、行動的反応等、様々な反応形態が存在する。このうち精神的反応とは、抑うつ、気分の落ち込み等の症状を指し、能力限界感も精神的反応の症状に近い状態にあると想像できる。加齢に伴う能力限界を知覚したとしても、適切な職務の割り当て等、上司のサポートが高いほど能力限界感の高まりは抑制されるであろうから、能力限界の知覚に対しても、上司サポートは緩衝要因になり得る。そこで、上司サポートは、能力限界感に及ぼす年齢の影響を調整すると考えられ、次の仮説7および仮説8を設定した。

仮説7：能力発揮の限界感に対する年齢の影響は、上司サポートにより調整される。
仮説8：能力発揮の効力感に対する年齢の影響は、上司サポートにより調整される。

(2) 革新的職場風土と能力限界感の関係

もうひとつの職場環境要因として、革新的な職場風土を取り上げる。第2章では、IT技術者のような自律型人材を活かすためには職場文化等のソフト面の充実が求められ、特に自主的な気づきや問題解決が促されるような革新的な組織風土が重要であることを述べた。また、第3章で見た通り、キャリア・プラトー理論においても、技術者の能力限界感に職場の革新的風土が

影響している可能性が指摘されていた。Bardwick（1986）は、技術者のキャリア・プラトー化に対処するため、企業は技術者の自己革新が促進されるような環境作りが重要であると説く。また、グーグルに代表される革新的企業では、社員が職務範囲外のプロジェクトに取り組むことを奨励し、全ての技術者が自分の時間の20%を会社のコアビジネスとは関係のないプロジェクトに自由に投入することができる（Hamel & Green, 2007）。そうすることで、技術や環境の変化を恐れない革新的な職場風土が共有され、IT技術者は自身の能力を革新し続ける意欲を維持することが可能となる。そこで、IT技術者の能力限界感に影響を及ぼす第2の職場環境要因として、革新的な職場風土に着目し、次の仮説9および仮説10を設定した。

仮説9：革新的職場風土は、能力発揮の限界感と負の関係にある。
仮説10：革新的職場風土は、能力発揮の効力感と正の関係にある。

　さらに、先述した職業性ストレスモデルにおいて、職場風土はストレス反応を生じさせるストレッサーのひとつとして考えられている。革新的な職場風土では、常に新しいアイデアや発想を重視することに価値が置かれ、それが職場構成員に共有されている。経験年数や過去の成功に囚われることなく、常に新しい技術を取り込もうとする職場風土が存在する場合、個々の年齢を意識することも少ないと思われる。それゆえ、革新的職場風土も上司サポートと同様、能力限界感に対する年齢の影響を調整すると考えられる。そこで、下記の仮説11および仮説12を設定した。

仮説11：能力発揮の限界感に対する年齢の影響は、革新的職場風土により調整される。
仮説12：能力発揮の効力感に対する年齢の影響は、革新的職場風土により調整される。

第3節　産業構造要因に関する作業仮説

　最後に、産業構造要因に関する作業仮説について検討する。第2章でレビューした通り、IT技術者の能力限界問題の背景にあるものとして、年齢だけでなくIT産業とりわけ受託ソフトウェア業に特徴的な産業構造の存在が指摘されている。具体的には、分業構造上の下位、つまり下請け企業で働くIT技術者は、元請け企業のIT技術者と比べて、能力限界をより早くあるいは強く知覚する可能性がある。さらに、受託ソフトウェア業全体が多数の中小下請け企業から成り立っていることから、受託ソフトウェア業で働くIT技術者は、他産業の技術者（例えば、製造業における研究開発技術者）に比べ、能力限界を強く知覚すると考えられる。しかし、能力限界に関する先行研究において、分業構造上の位置の違いに着目した研究はなく、他産業の技術者を区別した研究もほとんど存在しない。そこで本節では、IT産業内とりわけ受託ソフトウェア業の分業構造上の位置の違い（下請けvs元請け）、および技術領域の違い（受託ソフトウェア業のIT技術者vs製造業の研究開発技術者）による能力限界感の差を明らかにし、さらにその差をIT産業特有の分業構造に関わる要因により説明可能かを検証するための仮説を導き出す。

　まず、IT産業内とりわけ受託ソフトウェア業の分業構造上の位置の違い（下請けvs元請け）、および技術領域の違い（受託ソフトウェア業のIT技術者vs製造業の研究開発技術者）による能力限界感の差の有無を議論し、これを検証する仮説を設定する。なお、ここでは学習性無力感理論に依拠しつつ仮説を導き出す。第3章で触れたように、学習性無力感理論とは、個人と環境の間の不適応状態を説明するモデルとして提唱された理論である。学習性無力感では、動機付けの低下、認知的障害および情動障害という、3つ症状が仮定されている。特に認知的障害とは、正確な状況認知ができなくなり、たとえ状況が統制可能なものに変化しても、自身の行動の有効性を認知できず、成功に対する認知に歪が生じる状態を指す。本書では、能力発揮の限界感を「職務遂行上、必要となる能力に対するネガティブな認知」と定義した。この定義には、現時点における能力保有への否定的な認知に加え、今後の能力

向上への期待、すなわち将来展望に対する否定的な認知も含むとした。それゆえ、能力発揮の限界感が高い状態とは、自分の能力がこれ以上向上することはないという、成功に対する認知に歪が生じた状態と見ることができる。そして、その状態は、上で述べた学習性無力感の認知的障害の特徴と相似している。

　次に、学習性無力感の生起過程に照らし合わせて、認知的障害としての能力限界感が生じる理由を考えてみたい。学習性無力感の症状が表れるまでには、①統制不可能な事態を繰り返し経験し、②自分が直面している状況は統制不可能なものであると認識し、③将来においても自分の行動に結果は随伴しないという統制不可能性が形成される過程を経る。第2章で見たように、IT産業における分業構造上の下位に位置する下請け企業では、元請け企業が決定した設計仕様に忠実に従い、限られた担当工程の中でソフトウェアを開発するため、IT技術者の自律性は制限される。さらに、IT技術者の能力開発に必要とされる、新たなソフトウェア技術を独自に導入することや、担当工程を越えた上流工程の経験を積むことも難しい。すなわち、下請け企業で働くIT技術者は、IT技術者としての能力開発行動を取ることが、構造的に困難な状態にあるといえる。当初は、新技術の自律的な活用や、担当工程の拡大を試みるものの、構造的な理由により、その試みは何度も失敗する可能性が高い（統制不可能な事態を繰り返し経験）。そのような状態に長く居続け、失敗を繰り返すことで、能力を高める行動を取ることは不可能であるという認知を、下請け企業のIT技術者が学習的に獲得（自分が直面している状況は統制不可能なものであると認識）することは想像に難くない。そして、この一連のプロセスは、先に述べた学習性無力感の生起過程と似たステップを踏んでいることがわかる。すなわち、IT技術者の多くは能力開発行動の失敗を繰り返し経験し、その状況は統制不可能なものであると認識され、さらに将来においても能力開発行動が機能しないであろうという予測に繋がる。結果、自分の能力が、これ以上向上することはないという歪んだ信念（能力限界感）が形成される。そして、その信念の大きさは、下請け企業で働くIT技術者ほど大きいと考えられる。そこで、次の仮説13および仮説14を設定した。

仮説13：元請け企業のIT技術者より、下請け企業のIT技術者の方が、能力発揮の限界感は高い。

仮説14：元請け企業のIT技術者より、下請け企業のIT技術者の方が、能力発揮の効力感は低い。

次に、IT産業とりわけ受託ソフトウェア業で働くIT技術者と、製造業で働く研究開発技術者との能力限界感の差を検討する。これまでの議論において、下請け企業のIT技術者の能力限界感が高まる根拠として、IT技術者の能力開発における2点の特徴に言及してきた。第1の特徴は、変化の激しいIT産業においては、最先端技術を常にキャッチアップし続ける必要がある点である。また、第2の特徴は、IT技術者のキャリア開発においては下流工程から上流工程に至る業務を経験する必要がある点である。それゆえ、IT技術者は自律的に新しい技術や開発手法を業務に取り入れ、また積極的に担当工程を広げながら、能力開発を行うことが求められる。しかしながら、IT産業特有の分業構造上の制限、すなわち個々の技術者の自律性や、時間的余裕が制限されることにより、下請け企業のIT技術者の能力開発行動は阻害され、ひいては能力限界感が形成される。IT技術者の能力開発の特徴は、倉田・津崎（2003）や内藤（2009）が指摘するように、製造業で働く技術者（研究開発技術者）と異なる。倉田・津崎（2003）によれば、IT技術者の能力は自主的な気づきや問題解決を通じて伸長していくものであり、製造業における技術者の能力開発方式（OJTや企業内研修等）で育まれるものではない。また、内藤（2009）が指摘するように、その他の技術者と異なり、IT技術者は入社直後から技術的能力に加え、それ以外の能力（例えば、マネジメント能力等）もバランスよく獲得する必要がある。そのために、IT技術者はプログラミング等の下流工程に留まらず、分業構造上の位置を越えた幅広い工程の経験が求められる。一方、日本の製造業においては、ソフトウェア産業と同様の分業構造が存在するものの、分業構造上の位置を越えて技術者のキャリア・パスが描かれることは稀である。以上のことから、技術者のキャリア・パスや能力開発のあり方との整合性を考えた場合、IT産業の分業構造のあり方はIT技術者の能力開発にとって障害要因になり得るが、製

造業の研究開発技術者にとっては、本人の能力開発に大きな影響を及ぼすものではないといえる。そこで、次の仮説15および仮説16を設定する。

仮説15：製造業の研究開発技術者より、受託ソフトウェア業のIT技術者の方が、能力発揮の限界感は高い。
仮説16：製造業の研究開発技術者より、受託ソフトウェア業のIT技術者の方が、能力発揮の効力感は低い。

最後に、IT産業内の分業構造上の位置の違い（下請けvs元請け）、および技術領域の違い（受託ソフトウェア業のIT技術者vs製造業の研究開発技術者）による能力限界感の差は、IT産業特有の分業構造に関わる要因により説明可能かを検討する。すでに述べた通り、IT産業特有の分業構造上の制限、すなわち個々の技術者の自律性や、時間的余裕が制限されることにより、下請け企業のIT技術者の能力開発行動が阻害され、ひいては能力限界感が形成される。これを検証するためには、自律性および時間的余裕を統制し、能力限界感の差の統計的有意性が消滅することを確認すればよい。そこで、次の仮説17から仮説24を設定する。なお、能力限界感の規定因として、客観的な残業時間の多さではなく、本人の主観的評価に基づく多忙感を採用する理由は、次の通りである。下請け企業で働くIT技術者の特徴として、時として上流工程から受け取る仕様が曖昧なために、仕様確認の待ち時間が生じることがある。また、下請け企業では、テスト工程を担当することも多く、その際、バグ（障害）の解析を別の担当者が行い、その間、テスト実施者は待ち時間を持て余すことがあるという。このため、客観的な労働時間の長さが、IT技術者の時間的余裕のなさと直接的に関連するとは言い難く、主観的評価としての多忙感の高い状態が、IT技術者の能力開発行動を阻害し、その結果として、能力発揮の限界感を高め、効力感を低下させると考えられる。

仮説17：自律性を統制すると、分業構造上の位置（下請けvs元請け）による、能力発揮の限界感の差の統計的有意性は消滅する。
仮説18：自律性を統制すると、分業構造上の位置（下請けvs元請け）による、

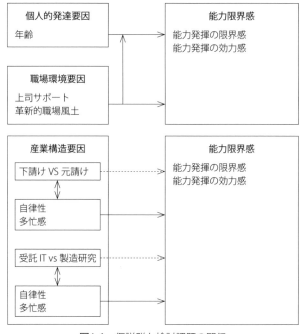

図4-1　仮説群と検討課題の関係
点線矢印は、みせかけの効果、すなわち自律性および多忙感によって
説明される関係を表す。受託ITは、受託ソフトウェア業のIT技術者を
表す。製造研究は、製造業の研究開発技術者を表す

能力発揮の効力感の差の統計的有意性は消滅する。

仮説19：多忙感を統制すると、分業構造上の位置（下請けvs元請け）による、能力発揮の限界感の差の統計的有意性は消滅する。

仮説20：多忙感を統制すると、分業構造上の位置（下請けvs元請け）による、能力発揮の効力感の差の統計的有意性は消滅する。

仮説21：自律性を統制すると、技術領域の違い（受託ソフトウェア業のIT技術者vs製造業の研究開発技術者）による、能力発揮の限界感の差の統計的有意性は消滅する。

仮説22：自律性を統制すると、技術領域の違い（受託ソフトウェア業のIT技術者vs製造業の研究開発技術者）による、能力発揮の効力感の差の統計的

有意性は消滅する。

仮説23：多忙感を統制すると、技術領域の違い（受託ソフトウェア業のIT技術者vs製造業の研究開発技術者）による、能力発揮の限界感の差の統計的有意性は消滅する。

仮説24：多忙感を統制すると、技術領域の違い（受託ソフトウェア業のIT技術者vs製造業の研究開発技術者）による、能力発揮の効力感の差の統計的有意性は消滅する。

上記の3つの検討課題に対応する仮説群の関係を示したものが、図4-1である。

第5章 方法

第1節　分析に用いるデータ

　本書では、前章で設定した仮説を、インターネット調査によって収集された定量的データを用いて検証する。分析に用いるデータは、2012年にJSPS科研費20330089（研究代表者、藤本哲史）の資金的援助を受けて実施した、インターネット調査「研究開発職の働き方に関する調査」によって収集された。当該調査における技術者の母集団は、インターネット調査会社に登録している研究開発技術者6,740人、システム開発技術者6,480人、ソフトウェア開発技術者5,341人、そしてシステム企画・設計技術者4,115人で、全体で22,500人を超える。調査の実施にあたり目標回収数は4,500人に設定されたが、最終的な回収数は4,482人だった。なお、本調査では全国47都道府県の在住者を対象にサンプリングを行ったが、回収の結果、全体の約33％が東京都および神奈川県在住だった。

第2節　データ全体の特徴

　ここでは、データ全体の特徴について概観する。性別は、男性3,753名

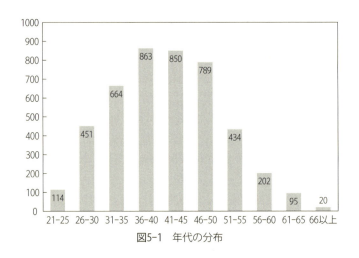

図5-1 年代の分布

(83.7%)、女性729名（16.3%）であり、サンプルの8割以上を男性が占めている。平成22年国勢調査　職業等基本集計によると、専門的・技術的職業従事者の男性比率は52.9%であることから（統計センター, 2015）、本サンプルの性別は男性に偏りが見られる。以降の分析では性別を統制するものの、結果を読み取る際には、女性のサンプルが限定されている点に留意する必要がある。次に、年齢は、21歳から86歳までで平均値は41.6歳（男性42.9歳、女性35.3歳）、標準偏差は9.2（男性9.0、女性7.6）であった。年齢を5歳刻みに分割したときの年代分布を、図5-1に示す。36歳から40歳の年代（N＝863、19.3%）が、最も高い割合となっている。国勢調査の結果では、専門的・技術的職業従事者の平均年齢は43.1歳（男性44.6歳、女性41.4歳）であり、また分布は35歳から39歳の年代が13.4%と最も高く、さらに25歳から54歳までは、いずれの年代（5歳刻み）においても11%以上の割合を示している。それゆえ、本サンプルに含まれる技術者の年齢は、やや40歳前後に分布の偏りがあるといえる。

　勤続年数は、最短0年から最長55年で、平均値は13.4、標準偏差は9.7であった。また、採用形態は、定期採用（新卒）2,369名（52.9%）、中途採用2,113名（47.1%）であり、約半数が中途採用者であった。

　業種の分布を表5-1に示す。サンプルの特徴として、製造業が1,793名

表5-1　業種の分布

業　種	人　数	割合（%）
農林水産	13	0.3
鉱業・電気・ガス・水道・その他エネルギー	37	0.8
建設・土木・工事・プラント	140	3.1
不動産	15	0.3
製造業	1,793	40.1
食品製造業	86	1.9
繊維製造業	21	0.5
木材・パルプ・紙・加工品製造業	14	0.3
化学工業、石油製品製造業	182	4.1
非鉄金属・金属製造業	67	1.5
機械器具製造業	173	3.9
電気器具製造業	494	11.0
輸送用機械製造業	209	4.7
その他製造業	547	12.2
運輸・倉庫・郵便業	33	0.7
商業・卸売・小売	153	3.4
飲食店	10	0.2
金融・保険・投資、共済	71	1.6
通信・IT関連サービス	1,560	34.8
その他サービス	178	4.0
新聞・出版・放送	15	0.3
保険・医療・福祉関連	48	1.1
学校・教育	109	2.4
研究開発・研究機関	121	2.7
政府・地方公共団体・各種法人・団体等	120	2.7
その他	66	1.5
合計	4,482	100

（40.1%）と最も多く、通信・IT関連サービスが1,560名（34.8%）と続く。次に、職種の分布を表5-2に示す。ソフトウェア開発職が2,024名（45.2%）と最も多く、研究開発職が1,126名（25.1%）と続く。なお、研究開発職のうち、製造業で働く者は784名である。なお、個人的発達要因、および職場環境要因に関する仮説検証においては、ソフトウェア開発職2,024名をIT技術者のサンプルとして用い、製造業で働く研究開発職784名をその他の技術者のサンプルとして用いる。また、産業構造要因に関する仮説検証における対象は、

表5-2 職種の分布

職種	人数	割合（%）
ソフトウェア開発	2,024	45.2
ソフトウェア開発（社内向け）	112	2.5
ソフトウェア開発（顧客向け）	611	13.6
システム開発・管理（社内向け）	465	10.4
システム開発・管理（顧客向け）	836	18.7
商品開発	530	11.8
研究開発	1,126	25.1
デザイン	22	0.5
生産管理	54	1.2
営業	95	2.2
その他	414	9.3
未回答	217	4.8
合計	4,482	100.0

第8章で詳細を述べる。

　上記以外の属性は、次の通りであった。職位階級は、担当者レベル2,206名（49.2%）、役付者レベル2,276名（50.8%）と、約半数が役付者レベルである。年収は、500万円未満1,917名（42.8%）、500万円以上800万円未満1,673名（37.3%）、800万円以上892名（19.9%）であり、約半数が500万円未満である。勤務先の企業規模は、30人未満633名（14.1%）、31-100人555名（12.4%）、101-300人625名（13.9%）、301-1000人727名（16.2%）、1,001人以上1,836名（41.0%）であり、1,001人以上の比較的大規模な企業に勤務する者が全体の4割を占めている。学歴は、中高卒178名（11.4%）、専門学校・短大卒351名（22.5%）、大学卒878名（56.3%）、大学院（修士）卒133名（8.5%）、大学院（博士）卒20名（1.3%）であり、大学卒が過半数を占める。

第3節　IT技術者の特徴

　次に、サンプルに含まれるIT技術者（職種が「ソフトウェア開発職（$N=$

表5-3　性別の分布

	IT技術者 (N=2,024)		製造業の研究開発技術者 (N=784)		χ^2値
	人数	割合 (%)	人数	割合 (%)	
男性	1,697	84.2	668	85.2	.79
女性	327	15.8	116	14.8	

表5-4　年齢階級の分布

	IT技術者 (N=2,024)		製造業の研究開発技術者 (N=784)		χ^2値
	人数	割合 (%)	人数	割合 (%)	
21–25	70	3.5	15	1.9	
26–30	199	9.8	111	14.2	
31–35	328	16.2	114	14.6	
36–40	410	20.3	150	19.2	
41–45	408	20.2	146	18.7	22.22**
46–50	349	17.3	126	16.2	
51–55	167	8.3	69	8.8	
56–60	71	3.5	34	4.4	
61–65	19	0.9	15	1.9	

**$p<.01$

2,024)」）の特徴を見ておきたい。ここでは、IT技術者の特徴を、製造業の研究開発技術者（N=784名）との比較を中心に記述する。なお、製造業の研究開発技術者とは、業種が「製造業（N=1,793）」、かつ職種が「研究開発（N=1,126）」を指す。

　表5-3は、IT技術者と、製造業の研究開発技術者の性別の分布である。女性の割合に着目すると、製造業の研究開発者の女性割合（14.8％）と、IT技術者の女性割合（15.8％）には顕著な差はなく、χ^2検定を行ったところ、有意な分布の差は確認されなかった。

　次に、IT技術者と製造業の研究開発技術者の、年齢階級の分布を表5-4に示す。表から、IT技術者および製造業の研究開発技術者ともに、36歳から

表5-5　学歴の分布

	IT技術者 (N=2,024)		製造業の研究開発技術者 (N=784)		χ^2値
	人数	割合（%）	人数	割合（%）	
中高卒	240	11.9	63	8.0	
専門短卒	434	21.4	61	7.8	
大卒	1143	56.5	292	37.2	490.46***
修士	184	9.1	291	37.1	
博士	23	1.1	77	9.8	

***$p<.001$　「専門短卒」は専門学校・短大卒。以下同

40歳の割合が最も高くなっていることがわかる。分布の形状は、IT技術者と製造業の研究開発技術者とで大きな違いは見られないものの、χ^2検定の結果は5％水準で有意な差が確認された。20代の割合は、製造業の研究開発技術者が16.1％、IT技術者が13.3％で、IT技術者の方がやや低い。30代の割合は、製造業の研究開発技術者が33.8％、IT技術者が36.5％で、IT技術者の方がやや高い。平均年齢は、IT技術者が40.69歳（標準偏差8.67）、製造業の研究開発技術者が40.92歳（標準偏差9.33）であり、違いはほとんど見られない。

次に、IT技術者と製造業の研究開発技術者の、学歴の分布を表5-5に示す。χ^2検定を行ったところ、0.1％水準の有意な差が確認された。表から、製造業の研究開発技術者に比べると、IT技術者の学歴は中高卒および専門学校・短大卒の割合が高く、修士および博士の割合が低かった。

続いて、IT技術者と製造業の研究開発技術者の、採用形態、職階、年収、残業時間および企業規模の分布を表5-6に示す。χ^2検定を行ったところ、採用形態、年収、残業時間および企業規模において0.1％水準の有意な差が確認された。採用形態の分布を見ると、IT技術者の中途採用者の割合は50.5％と過半数を占めているのに対し、製造業の研究開発技術者の中途採用者の割合は30.7％に留まる。IT技術者の方が中途採用者の割合が高く、IT産業においては外部労働市場化が進んでいると推察される。職階の分布には、ほとんど違いがなかった。年収は、500万円未満の割合がIT技術者では46.4％

表5-6　採用形態、職階、年収、残業時間および企業規模の分布

	IT技術者 (N=2,024)		製造業の研究開発技術者 (N=784)		χ^2値
	人数	割合（%）	人数	割合（%）	
採用形態					
新卒	1,022	50.5	543	69.3	80.67***
中途	1,002	49.5	241	30.7	
職階					
担当者	1,031	50.9	400	51.0	.02
部課長	993	49.1	384	49.0	
年収（万円）					
300未満	211	10.4	39	5.0	
300-350	158	7.8	45	5.7	
350-400	190	9.4	38	4.8	
400-450	177	8.7	73	9.3	
450-500	204	10.1	76	9.7	
500-550	193	9.5	53	6.8	
550-600	144	7.1	62	7.9	95.46***
600-650	148	7.3	53	6.8	
650-700	100	4.9	42	5.4	
700-750	113	5.6	52	6.6	
750-800	78	3.9	45	5.7	
800-850	77	3.8	37	4.7	
850-900	49	2.4	32	4.1	
900-950	39	1.9	24	3.1	
950-1000	43	2.1	23	2.9	
1000-	100	4.9	90	11.5	
残業時間（h）					
10以下	420	20.8	188	24.0	
11-30	449	22.2	207	26.4	
31-50	312	15.4	148	18.9	28.67***
51-160	558	27.6	157	20.0	
161h-	285	14.1	84	10.7	
企業規模（人）					
1-30	281	14.0	38	4.8	
31-100	286	14.3	53	6.8	
101-300	327	16.3	81	10.3	176.39***
301-1000	374	18.7	116	14.8	
1001-	735	36.7	496	63.3	

***$p<.001$　残業時間は普段の1ヶ月間の残業時間

表5-7 地域の分布

	IT技術者 (N=2,024)		製造業の研究開発技術者 (N=784)		χ^2値
	人数	割合 (%)	人数	割合 (%)	
北海道・東北	95	4.7	41	5.2	
首都圏	1,154	57.0	352	45.0	
中部	259	12.8	155	19.8	47.85***
近畿	332	16.4	174	22.2	
中国・四国	93	4.6	37	4.7	
九州・沖縄	91	4.5	24	3.1	

***$p<.001$

であるのに対し、製造業の研究開発技術者では34.5％であることから、IT技術者の方が低い。

　残業時間の分布を見ると、51時間以上の割合がIT技術者では41.7％であるのに対し、製造業の研究開発技術者では30.7％であり、IT技術者の方が残業時間は長い。企業規模では、1,001人以上の企業で働く製造業の研究開発技術者の割合は63.3％と過半数を占めるのに対し、1,001人以上の企業に勤務するIT技術者の割合は36.7％に過ぎない。一方、300人以下の企業に勤務するIT技術者の割合は63.3％と過半数を占めるのに対し、300人以下の企業に勤務する、製造業の研究開発技術者の割合は36.7％に過ぎない。この結果は、IT産業の業界構造が、少数の大手元請け企業と多数の中小下請け企業からなるピラミッド構造になっており、IT技術者の多くが下請け企業に在籍しているという峰滝・元橋（2007）の指摘と整合的である。

　最後に、地域の分布を表5-7に示す。表から、IT技術者は、製造業の研究開発技術者に比べると首都圏に集中している傾向が読み取れる。χ^2検定を行ったところ、0.1％水準の有意な差が確認された。

　以上、IT技術者の特徴を、製造業の研究開発技術者との比較を通して見てきた。性別、職階には職種間での有意な分布の差は見られなかった一方、学歴は製造業の研究開発技術者の方が高学歴であり、採用形態に関してはIT技術者の方が中途採用者の割合が高い。そして、IT技術者の方が、年収

は低く、残業時間は長く、企業規模は小さい。特に、年収、残業時間および企業規模に関する特徴は、第2章でIT産業の分業構造内における下請け企業の特徴として指摘したものであるが、上の結果から、IT技術者の特徴でもあることが示された。

第4節　変数の操作化

本節では、次章以降で行う仮説検証にあたり、能力発揮の限界感、および能力発揮の効力感を測定する変数の操作化を行う。

(1) 能力発揮の限界感

本書では、能力限界感を、能力発揮の限界感および効力感の2つの側面から捉えることはすでに述べた。また、能力発揮の限界感とは「職務遂行上、必要となる能力に対するネガティブな認知」を意味する。さらに、第3章で、Lee (2003) が提唱するプロフェッショナル・プラトーの概念と、本書における能力発揮の限界感の概念の違いについて触れた。それは、現在の仕事に就いている限り、新たな専門的能力の獲得が期待できない状態を表すプロフェッショナル・プラトーの概念だけでは、日本のIT技術者の能力限界感を捉えることは難しいというものである。このため、日本のIT技術者の能力限界感を検討するにあたっては、原因帰属を概念定義に含むプロフェッショナル・プラトーではなく、原因帰属を限定しない概念で捉える方が望ましい。電機連合 (2008) では、研究開発技術者の能力限界感を測定する項目として「あなたは現在、エンジニアとして能力の限界を感じていますか」の問いを使用している。この問いは、能力限界の原因を限定しない点で、本書における能力限界感の測定に適したものであるといえる。それゆえ、本書では電機連合 (2008) に倣い、「あなたは現在、エンジニアとして能力の限界を感じていますか」の問いを、能力発揮の限界感の測定項目として用いる。アンケートでは、この問いに対し「該当するものをお選びください」という教示のもと「現在、限界を感じてないし、将来にも不安を感じない＝1」、「現在はあまり限界を感じないが、将来が不安だ＝2」、「現在、ときどき限界を感じ

ることがある＝3」、「現在、すでに限界を感じている＝4」の4段階で評定されている。能力発揮の限界感の記述統計量は、次節で示す。

(2) 能力発揮の効力感

次に、能力発揮の効力感の測定変数について述べる。第4章において、能力発揮の効力感を「職務遂行上、必要となる能力の保有、発揮、および今後の能力向上への期待に対する肯定的な認知」と定義した。実証分析では、次に述べる能力（汎用的能力、専門的能力（現在）、専門的能力（高度）、職業的能力）に関する効力感として測定する。

第1の能力は、汎用的能力である。汎用的能力とは、産業分野や職種に関わらず、社会的・職業自立に向けて必要となる基盤的能力を指し、例えばコミュニケーション能力や責任感などが含まれる。我が国では、基礎的・汎用的能力という言葉を用いて、職業人としての基盤となる能力体系が示されている（文部科学省,2011）。また、近年では社会生活や職業生活に必要とされる能力として、ジェネリックスキルという言葉が用いられることもある（大島・坪井・見舘・椿・和田・池内,2012）。さらに、経済産業省では、職場や地域社会の中で多くの人々と接触しながら仕事をしていくために必要となる能力を、社会人基礎力と名づけて体系化している（経済産業省,2006）。このように、基礎的・汎用的能力、ジェネリックスキルおよび社会人基礎力等の異なる言葉で、職務遂行上、必要とされる基盤的な能力が示されているものの、それぞれの中身を見ると、コミュニケーション能力や問題解決力等、共通する能力で構成されていることがわかる。そこで本書では、基礎的・汎用的能力、ジェネリックスキルおよび社会人基礎力等を包含する能力を、汎用的能力として操作的に定義し、職務遂行上、必要となる第1の能力と仮定する。具体的には、責任感、問題点の把握力、リーダーシップ、持久力、コミュニケーション能力、対外折衝調整力、後輩への育成意識、論理的・体系的思考能力、挑戦意欲、問題点の解決力、プロジェクト・研究テーマの企画・立案力、および時間をやりくりする能力、の12項目を汎用的能力の測定項目として用いる。アンケートでは、「あなたご自身は以下の能力や特性を十分に備えていると思いますか。該当するものをお選びください」という教示のもと、

12項目の能力に対して「不足している＝1」、「やや不足している＝2」、「ほぼ備えている＝3」、「十分備えている＝4」の4段階で評定されている。項目間の相関係数を求めたところ、いずれも $r = .34$ 以上（$p < .001$）の値を示し、また合成変数の信頼性係数 a の値も .92 であり、十分な内定整合性を確保できていると判断できた。このため、今後の分析では、12項目の平均値を汎用的能力の得点として用いる。汎用的能力の記述統計量は、次節で示す。

　職務遂行上、汎用的能力だけが備わっていれば十分というものではなく、それぞれの職務に特化した専門知識も必要である。そこで、職務遂行上、必要となる第2の能力として、専門的能力を取り上げる。専門的能力とは、産業分野や職種において特殊的に必要とされる能力を意味する。例えば、IT技術者の専門的能力であれば、プログラミング、設計および要件定義等の能力が含まれる。また、社会人基礎力が、専門能力と相互に作用しあいながら、循環的に成長していくものと考えられている（経済産業省, 2006）ように、汎用的能力と専門的能力の関係もそれぞれが独立したものではなく、相互関連的に成長していく能力であると考える。さらに本書では、専門的能力をより詳細に検討するため、現在の職務に求められるレベルの専門的能力と、より高度なレベルの専門的能力の2項目に分けて測定する。アンケートでは、「あなたの専門知識に対する自信はどのくらいありますか。該当するものをお選びください」という教示のもと、現在の仕事をうまくこなすための専門知識と、現在の仕事よりさらに高度な仕事をこなすための専門知識に対して「まったくない＝1」「あまりない＝2」「少しはある＝3」「かなりある＝4」の4段階で評定されている。以降の分析では、現在の仕事をうまくこなすための専門知識に対する自信の得点を専門知識（現在）の得点とし、現在の仕事よりさらに高度な仕事をこなすための専門知識に対する自信の得点を、専門知識（高度）の得点として用いる。

　職務遂行上、必要となる第3の視点として、職業的能力を取り上げる。ここで用いる職業的能力とは、雇用者と従業員との関係の変化に着目したものであり、雇用者に雇われ続ける能力、すなわちエンプロイアビリティと同義である。エンプロイアビリティとは、雇用する（employ）と能力（ability）を組み合わせた概念で、「雇用される能力」「雇用可能性」などと訳されてい

表5-8 能力限界感の操作化変数および質問項目

	操作化変数	質問項目
能力発揮の限界感	能力発揮の限界感	あなたは現在、エンジニアとして能力の限界を感じていますか（単一項目）
能力発揮の効力感	汎用的能力	あなたご自身は以下の能力や特性を十分に備えていると思いますか（責任感、問題点の把握力、リーダーシップ、持久力、コミュニケーション能力、対外折衝調整力、後輩への育成意識、論理的・体系的思考能力、挑戦意欲、問題点の解決力、プロジェクト・研究テーマの企画・立案力、および時間をやりくりする能力、の12項目の平均得点
	専門的能力(現在)	あなたの専門知識に対する自信はどのくらいありますか（現在の仕事をうまくこなすための専門知識）（単一項目）
	専門的能力(高度)	あなたの専門知識に対する自信はどのくらいありますか（さらに高度な仕事をうまくこなすための専門知識）（単一項目）
	職業的能力	あなたのエンジニアとしての職業能力は、どの程度通用すると思いますか（社内）、あなたのエンジニアとしての職業能力は、どの程度通用すると思いますか（社外）の2項目の平均得点

能力限界感が高い状態とは、能力発揮の限界感が高く、能力発揮の効力感が低い状態を指す。質問項目に対しては、それぞれ1から4までの4件法で回答を求めている

る（山本, 2014）。また、代表的な定義として「要求されている能力と態度を開発し発揮すること。提供できる能力、資格・手腕、特質をレベルアップすることによって、雇用者にとっての魅力を保ち続けること」（Ashley, 1998）が知られている。職業的能力は、固定的で絶対的な能力というよりも、雇用者の要求によって変化し続けるものである点で、汎用的能力および専門的能力とは異なる。また、変化に対応し続ける能力という意味では、第3章で触れたキャリア・アダプタビリティまたはキャリア自信に近い概念であるといえる。本書では、現在雇用されている企業における職業的能力と、社外における職業的能力の2項目を職業的能力の測定項目として用いる。アンケートでは、「あなたのエンジニアとしての職業能力は、どの程度通用すると思い

表5-9　能力発揮の限界感および効力感の記述統計量

	最小値	最大値	平均値	標準偏差
能力発揮の限界感	1	4	2.62	0.87
能力発揮の効力感				
汎用的能力	1	4	2.75	0.56
専門的能力（現在）	1	4	2.97	0.72
専門的能力（高度）	1	4	2.70	0.75
職業的能力	1	4	2.34	0.82

$N=2,808$

表5-10　能力発揮の限界感と、能力発揮の効力感との相関係数

	①	②	③	④
能力発揮の限界感①	—			
能力発揮の効力感				
汎用的能力②	-.33***	—		
専門的能力（現在）③	-.27***	.59***	—	
専門的能力（高度）④	-.30***	.60***	.71***	—
職業的能力⑤	-.32***	.58***	.51***	.59***

***$p<.001$　$N=2,808$

ますか。該当するものをお選びください」という教示のもと、社内と社外に対してそれぞれ「通用するか不安がある＝1」「ある程度通用する＝2」「十分通用する＝3」「第一人者として通用する＝4」の4段階で評定されている。項目間の相関係数を求めると$r=.73$（$p<.001$）であった。また、合成変数の信頼性係数の値は.84であり、十分な内的整合性を確保できていると判断できた。このため、今後の分析では、2項目の平均値を職業的能力の得点として用いる。

　以上、能力発揮の効力感の捉え方について説明してきた。本書の分析に用いる能力限界感の操作化変数、および質問項目の一覧を表5-8にまとめた。なお、能力発揮の効力感は4つの変数で捉える一方、能力発揮の限界感は単一の変数でしか捉えていない。その理由は、能力発揮の効力感と比較すると、能力発揮の限界感という概念が新規性を持つものであり、先行研究から測定変数を操作化することが困難であるためである。なお、表5-8に示した能力

限界感に関する操作化変数および質問項目は、第6章から第8章における仮説検証の中で、共通的に用いるものである。

第5節　能力限界感の記述統計量

表5-9に、能力発揮の限界感および効力感の記述統計量を示す。平均値は、専門的能力（現在）が2.97と最も高く、職業的能力が2.34と最も低い。

次に、能力発揮の限界感と効力感の相関係数を表5-10に示す。表5-10の通り、相関係数は、$r=-.27$から$r=-.33$とある程度の負の相関を示した（$p<.001$）。また、能力発揮の効力感を測定する4変数の間には$r=.51$から$r=.71$と、中程度ないし高い正の相関があった（$p<.001$）。

第6章 個人的発達要因に関する実証分析

第1節 はじめに

　第4章において、本書の仮説を提示した。このうち、年齢が能力限界感に及ぼす影響を予測したものが、個人的発達要因に関する仮説（仮説1から仮説4）である。本章では、この個人的発達要因に関する仮説について、定量的データを用いた検証を行う。なお、仮説3および仮説4では、IT技術者とその他の技術者とで能力限界感の年代のピークの差を検討する。第2節で、IT技術者とその他の技術者の能力限界感の平均、および分布を比較したのち、第3節で、能力限界感の年代のピークの差を検討する。なお、本章では、IT技術者は職種が「ソフトウェア開発職（$N=2,024$）」を対象とする。また、その他の技術者を代表する者として、製造業の研究開発技術者（$N=784$）を対象とする。なお、製造業の研究開発技術者とは、業種が「製造業（$N=1,793$）」、かつ職種が「研究開発（$N=1,126$）」を指す。以降、本章の分析において、その他の技術者と、製造業の研究開発技術者を相互互換的に用いる。

表6-1　能力発揮の限界感および効力感の記述統計量

	IT技術者 (N=2,024)		製造業の研究開発技術者 (N=784)		t値 (df)
	平均	標準偏差	平均	標準偏差	
能力発揮の限界感	2.67	.88	2.50	.84	-4.44(2806)***
能力発揮の効力感					
汎用的能力	2.73	.57	2.81	.51	3.86(1573)***
専門的能力(現在)	2.95	.74	3.02	.66	2.36(1576)*
専門的能力(高度)	2.68	.76	2.77	.73	3.13(1471)**
職業的能力	2.32	.81	2.39	.83	2.16(2806)*

***$p<.001$, **$p<.01$, *$p<.05$

第2節　能力限界感の比較(IT技術者とその他の技術者)

　IT技術者と製造業の研究開発技術者のそれぞれにおける、能力発揮の限界感および効力感の記述統計量を表6-1に示す。能力発揮の限界感の平均値は、IT技術者(平均値=2.67)の方が製造業の研究開発技術者(平均値=2.50)より高い。また、t検定の結果、0.1％水準で有意な平均値の差を確認した。

　能力発揮の効力感の平均値は、汎用的能力、専門的能力(現在)、専門的能力(高度)、および職業的能力のすべてにおいて、IT技術者より製造業の研究開発技術者の方が高い。また、t検定の結果、すべての能力において有意な平均値の差を確認した。

　次に、能力限界感の分布を比較する。まず、図6-1は、能力発揮の限界感の分布を示したものである。「現在、すでに限界を感じている」と回答したIT技術者の割合(18.6％)は、製造業の研究開発技術者の割合(11.7％)に比べて6.9ポイント高い。また、「現在、すでに限界を感じている」と「現在、ときどき限界を感じることがある」と回答した者を合わせた割合は、IT技術者が56.6％と過半数を占め、製造業の研究開発技術者も49.5％と過半数近くを占める。また、χ^2検定の結果、1％水準で有意差を確認した(χ^2値=

図6-1　能力発揮の限界感の分布

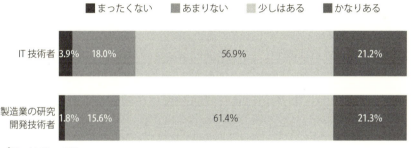

図6-2　能力発揮の効力感（専門的能力（現在））の分布

22.62, $p<.001$）。

　図6-2は、IT技術者と製造業の研究開発技術者のそれぞれにおける、能力発揮の効力感（専門的能力（現在））の分布を示したものである。専門的能力（現在）とは、現在の専門的能力に対する自信を問うものである。分布の形状からは、IT技術者と製造業の研究開発技術者との違いはほとんど見られない。また、専門的能力（現在）に対する自信が「かなりある」と「少しはある」と回答した者の割合を合わせると、IT技術者（78.1％）、製造業の研究開発技術者（82.7％）ともに、8割程度を占める。また、χ^2検定の結果、

第6章　個人的発達要因に関する実証分析　93

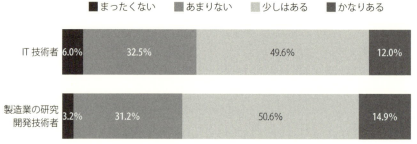

図6-3　能力発揮の効力感（専門的能力（高度））の分布

1％水準で有意差を確認した（χ^2値＝11.60, $p<.01$）。

　続いて、図6-3は、IT技術者と製造業の研究開発技術者のそれぞれにおける、能力発揮の効力感（専門的能力（高度））の分布を示したものである。専門的能力（高度）とは、より高度な専門的能力に対する自信を問うたものである。専門的能力（現在）と同様、分布の形状において、IT技術者と製造業の研究開発技術者との違いはほとんどない。また、より高度な専門的能力に対する自信が「かなりある」と「少しはある」と回答した者の割合を合わせると、IT技術者（61.6％）、製造業の研究開発技術者（65.5％）ともに6割程度である。また、χ^2検定の結果、1％水準で有意差を確認した（χ^2値＝12.73, $p<.01$）。

　以上、IT技術者と製造業の研究開発技術者の能力限界感の比較を行った結果、IT技術者の方が製造業の研究開発技術者に比べ、能力発揮の限界感が高いことが明らかになった。また、能力発揮の効力感については、汎用的能力、専門的能力（現在）、専門的能力（高度）および職業的能力のすべてにおいて、IT技術者の方が製造業の研究開発技術者に比べ低いことが示された。

第3節　分析結果

(1) 仮説1、仮説3の検証

仮説1「加齢に伴いIT技術者の能力発揮の限界感は高まり、そのピークは40歳前後に訪れる」、および仮説3「加齢に伴う能力発揮の限界感のピークは、IT技術者の方が、それ以外の技術者に比べて早い年代で訪れる」を検証するため、IT技術者と製造業の研究開発技術者のそれぞれにおける能力発揮の限界感の年代別分布を、図6-4および図6-5に示す。図6-4から、IT技術者における「現在、すでに限界を感じている」と「現在、ときどき限界を感じることがある」の回答を足し合わせた割合をみると、21-25歳台の44.3％から年代とともに高まり続け、56-60歳台の71.9％でピークを迎えることがわかる。その後、61-65歳台で42.1％となり、いずれの年代よりも能力発揮の限界感は低くなっていた。61-65歳台のIT技術者とは、60歳で定年

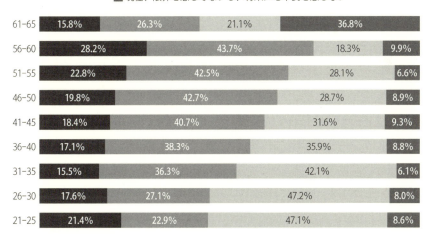

図6-4　能力発揮の限界感（IT技術者）

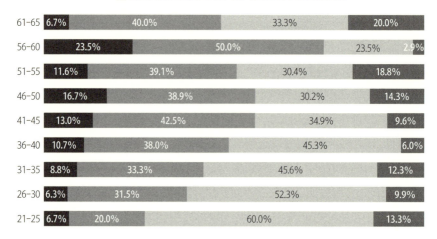

図6-5　能力発揮の限界感（製造業の研究開発技術者）

を迎えた後、本人の意思に基づき再雇用制度を希望し、継続的に企業に雇用されている者が該当すると考えられる。また、先に見たように61-65歳台のサンプル数は19と限られている。このことから、能力発揮の限界感の高い者は60歳を機に企業を退職し、能力発揮の限界感の低い者が企業に継続して雇用される結果、61-65歳台の能力発揮の限界感はいずれの年代よりも低くなっているものと考えられる。以上の結果、加齢に伴いIT技術者の能力発揮の限界感は高まるものの、そのピークは56-60歳台に訪れることから、仮説1は不支持となった。

　次に、製造業の研究開発技術者における「現在、すでに限界を感じている」と「現在、ときどき限界を感じることがある」の回答を足し合わせた割合をみると、21-25歳台の26.7％が最も低く年代とともに高まり続け、51-55歳台で50.7％に一旦減少する。その後、56-60歳台で再び73.5％まで高まる。IT技術者の能力発揮の限界感と比較すると、21-25歳台から46-50歳台までの年代で、「現在、すでに限界を感じている」と「現在、ときどき限界を感

じることがある」の回答を足し合わせた割合は、製造業の研究開発技術者に比べてIT技術者の方が高い。特に、21-25歳台において、「現在、すでに限界を感じている」と「現在、ときどき限界を感じることがある」の回答を足し合わせた割合は、IT技術者の44.3％に対して製造業の研究開発技術者は26.7％と17.6ポイントの差がある。すなわち、とりわけ若年層において、IT技術者と製造業の研究開発技術者との間で、能力発揮の限界感に大きな差が生じていることがわかる。この結果は、能力限界感は加齢に伴い高まるだけでなく、職場環境等の年齢以外の要因も能力限界感に影響を与える、という本書の主張と整合的であるといえる。

　能力発揮の限界感のピークに着目すると、IT技術者、製造業の研究開発技術者ともに56-60歳台が最も高い。56-60歳台における「現在、すでに限界を感じている」と「現在、ときどき限界を感じることがある」の回答を足し合わせた割合は、IT技術者の71.9％に対して製造業の研究開発技術者は73.5％であり、その差は1.6ポイントであった。以上、21歳から55歳までの年代において、IT技術者の能力発揮の限界感は、製造業の研究開発技術者の能力発揮の限界感より高いものの、そのピークに違いはないことから、仮説3は不支持となった。

(2) 仮説2、仮説4の検証

　次に、仮説2「IT技術者の能力発揮の効力感は40歳前後までは上昇し、それ以降は低減する」および、仮説4「能力発揮の効力感が下降に転じる時期は、IT技術者の方が、それ以外の技術者に比べて早い年代で訪れる」を検証するため、能力発揮の効力感が年齢階級とともに変化する様子を確認する。図6-6は、IT技術者の能力発揮の効力感（汎用的能力、専門的能力（現在）、専門的能力（高度）および職業的能力）の肯定的回答の割合を、年齢階級ごとに示したものである。肯定的回答の割合とは、汎用的能力および職業的能力の平均値が3以上の割合である。また専門的能力（現在）および専門的能力（高度）に対しては、「かなりある＝4」および「少しはある＝3」の回答を足し合わせた割合を表す。図6-7には、製造業の研究開発技術者の、肯定的回答の割合を年齢階級ごとに示した。

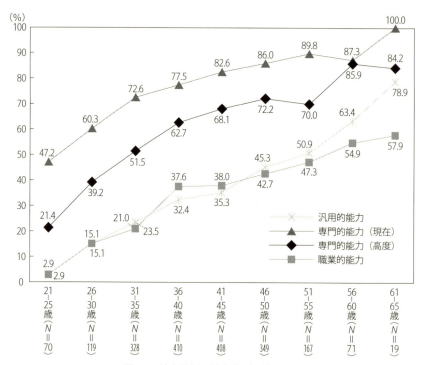

図6-6 能力発揮の効力感（IT技術者）
横軸は年齢階級、縦軸は肯定的回答の割合を示す。図6-7も同様

　IT技術者の特徴を見ると、いずれの能力も年代とともに効力感が高まっているものの、その傾きは能力ごとに異なる。例えば、汎用的能力では21歳から40歳までの間、年齢階級間の肯定的回答割合の差は、約10ポイントと一定の傾きを保っているが、40歳から45歳の年齢階級では、その差は約3ポイントとなり停滞傾向を示す。しかし、46歳以降、再び肯定的回答の割合は高まり、その傾きは年齢階級が高まるほど大きくなる。次に、専門的能力（現在）に着目すると、肯定的回答の割合は、いずれの年齢階級においても他の能力に比べて最も高い。21歳から35歳まで一定の傾き（約10ポイント／年齢階級）で高まった後、36歳から55歳までは、なだらかな傾き（約5ポイント／年齢階級）で高まる。その後、56-60歳で肯定的回答の割合はやや減少す

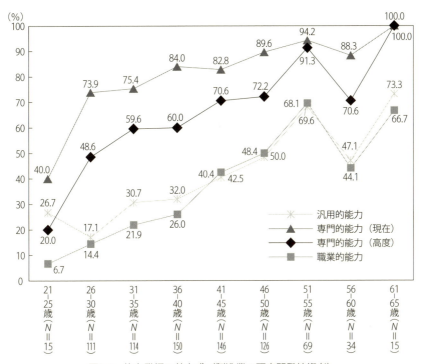

図6-7 能力発揮の効力感（製造業の研究開発技術者）

るものの、61-65歳では対象者全員が肯定的回答を示している。続いて、専門的能力（高度）の肯定的回答の割合は、50歳までは専門的能力（現在）と同様の変化の仕方が確認できるものの51-55歳で一旦減少しており、専門的能力（現在）に比べて5歳程度早く停滞傾向を示しているが、その後再び肯定的回答の割合が上昇する点は、専門的能力（現在）と共通している。最後に、職業的能力の肯定的回答の割合を見ると、55歳までは汎用的能力と相似しており、やはり41-45歳で停滞傾向を示す。しかし、その後の肯定的回答割合の上昇はなだらかで、46歳以降の年齢階級では他の能力に比べて最も低い。以上の結果から、IT技術者の能力発揮の効力感は、ある年代で停滞傾向を示すものの、その後再び上昇することが明らかになった。それゆえ、40歳以降の効力感が低下することを予測した仮説2は、不支持となった。

一方、製造業の研究開発技術者を見ると、56-60歳ですべての能力の肯定的回答の割合が落ち込んだ後、61-65歳で再び上昇する点が特徴的である。また、21-25歳から26-30歳にかけて、専門的能力（現在）および専門的能力（高度）の肯定的回答割合の傾きが大きい点も目立つ。しかし、サンプル数（21-25歳：$N=15$、56-60歳：$N=34$、61-65歳：$N=15$）が限定されていることから、この点は参考程度の確認に留めておく。次に、26歳から55歳までの肯定的回答の割合に着目すると、専門的能力（現在）および専門的能力（高度）とも、20代後半時点において肯定的回答割合が約半数以上となっている。IT技術者と比較すると、若年時の専門的能力の肯定的回答割合が、高いことがわかる。この結果から、IT技術者の方が、専門的能力に対する効力感を高めるまでに多くの時間を要することが示唆される。

　以上の結果から、IT技術者のある年代で能力発揮の効力感が一旦停滞し、再度上昇する傾向は、IT技術者と製造業の研究開発技術者において共通していることが確認された。しかしその時期は、能力ごとに異なる。さらに、IT技術者と製造業の研究開発技術者との間で、明確な時期の違いを見出すことはできなかった。それゆえ、仮説4は支持されなかった。

第4節　小括

　第6章では、個人的発達要因に関する仮説の検証を行った。分析に先立ち、IT技術者と製造業の研究開発技術者との間で、能力発揮の限界感および効力感の平均値の差を確認した。その結果、能力発揮の限界感の平均値は、IT技術者の方が、製造業の研究開発技術者よりも高かった。これは、製造業の研究開発技術者よりIT技術者の方が、能力発揮の限界感をより高く知覚していることを意味する。一方、能力発揮の効力感に関しては、汎用的能力、専門的能力（現在）、専門的能力（高度）および職業的能力のいずれにおいても、IT技術者の方が低かった。

　次に、個人的発達要因に関する仮説の検証結果を表6-2に示す。結果は、仮説1から仮説4まで、すべて不支持となった。まず、仮説1については、能力発揮の限界感は21歳から60歳まで高まり続け、そのピークは40歳前後で

表6-2　個人的発達要因に関する仮説の検証結果

仮説1	加齢に伴いIT技術者の能力発揮の限界感は高まり、そのピークは40歳前後に訪れる	不支持
仮説2	IT技術者の能力発揮の効力感は40歳前後までは上昇し、それ以降は低減する	不支持
仮説3	加齢に伴う能力発揮の限界感のピークは、IT技術者の方が、それ以外の技術者に比べて早い年代で訪れる	不支持
仮説4	能力発揮の効力感が下降に転じる時期は、IT技術者の方が、それ以外の技術者に比べて早い年代で訪れる	不支持

はなく、56歳から60歳の年代にあることから仮説は棄却された。

　次に、仮説2については、IT技術者の能力発揮の効力感は、ある年齢（40歳前後から50歳前後の中年期）で停滞傾向を示すものの、その後再び上昇することが明らかになった。それゆえ、40歳以降の効力感は低下するとした仮説2は、不支持となった。しかし、この変化の仕方は、益田（2009）が示した、自己効力感が40歳台で一旦停滞し、その後再び上昇するという変化の仕方と整合的である。また、この結果を踏まえると、能力限界感を知覚している状態とは、能力発揮の効力感が低い状態というよりは、一時的に効力感が停滞している状態と解釈することが妥当と考えられる。

　さらに、仮説3については、能力発揮の限界感のピークはIT技術者および製造業の研究開発技術者とも、56歳から60歳の年代にあるため仮説は支持されなかった。しかし、能力発揮の限界感は、いずれの年代においても、IT技術者の方が製造業の研究開発技術者よりも高いことがわかった。この結果は、年齢の他に技術者の能力限界感に影響を及ぼす要因の存在を示唆するものである。この点については、以降の仮説を検証する際に改めて検討する。

　最後に、仮説4については、IT技術者のある年代で能力発揮の効力感が一旦停滞し、再度上昇する傾向は、IT技術者と製造業の研究開発技術者において共通していることが確認されたものの、その停滞時期は能力ごとに異なることが示された。さらに、IT技術者と製造業の研究開発技術者との間で、明確な停滞時期の違いを見出すことはできなかったため仮説は支持され

なかった。

第7章 職場環境要因に関する実証分析

第1節 はじめに

　第4章において、IT技術者の能力限界感に影響を与える要因として、職場環境に着目した仮説を構築した。この職場環境要因に関する仮説では、キャリア・プラトー理論および自己効力感理論に基づき、IT技術者の能力限界感に影響を与える要因として、上司サポートおよび革新的職場風土を取り上げた。さらに、上司サポートおよび革新的職場風土は、年齢がIT技術者の能力限界感に与える影響を調整する要因として機能することを提示した。本章では、職場環境要因に関する仮説（仮説5から仮説12）の妥当性を、アンケート調査によって収集された定量的データを用いて検証する。なお、本章の分析対象者は、第6章と同様、ソフトウェア開発職2,024名である。第2節では、本章の分析に用いる変数の定義と操作化を行う。続く第3節で、重回帰分析を用いた分析結果を示す。

第2節 分析概念の操作化

　職場環境要因に関する仮説では、上司サポートおよび革新的職場風土が、

IT技術者の能力限界感に与える影響を扱う。また、上司サポートおよび革新的職場風土が、年齢がIT技術者の能力限界感に与える影響への調整要因として機能することを検討する。本節では、これらの変数に関する定義と操作化を行う。なお、能力限界感の操作化に関する議論は、第5章で言及したとおりである。すなわち本書では、IT技術者の能力限界感が高い状態を、能力発揮の限界感が高く、能力発揮の効力感が低い状態と捉える。また、能力発揮の効力感を、汎用的能力等の4変数で測定し検討する。

(1) 上司サポート

　本書では、上司サポートを「上司から受ける情緒的および道具的なサポートを知覚し、上司との良好な関係性が築かれている状態」と操作的に定義する。古田・藤本・田中(2013)は上司サポートと技術者の能力限界感との関連性を検討し、上司サポートと技術者の能力限界感との間に有意な関連性のないことを示した。しかし、古田他(2013)の研究では、上司サポートを測定する項目として、「部下の努力や苦労した点をよくわかってくれる」等、上司から受ける情緒的サポートの側面のみに着目した項目を採用している。この点については、方法論的限界として、古田他(2013)も指摘している。そこで本書では、上司から受ける情緒的サポートに加え、道具的サポートおよび上司との関係性の視点を加味した項目を採用する。具体的には、情緒的サポートを測定する項目として「上司は新しいアイデアや提案を聞き入れてくれる」、道具的サポートを測定する項目として「上司は自分に仕事の目標をはっきり示してくれる」、上司との関係性を測定する項目として「仕事について上司とオープンに話し合うことができる」の3項目を採用した。アンケートでは、各項目に対して「該当しない＝1」から「該当する＝4」までの4件法で回答を求めている。それぞれの項目間相関係数を求めたところいずれも $r=.60$ 以上 ($p<.001$) と高い値を示し、また合成変数の信頼性係数 α の値も.83であり、一定の内的整合性を確保できていると判断できた。このため本章の分析では、3項目の平均値を上司サポート得点として用いる。上司サポートと構成項目の記述統計量を、表7-1に示す。

表7-1　上司サポートと構成項目の記述統計量

	最小値	最大値	平均値	標準偏差
上司サポート	1	4	2.47	.71
仕事について上司とオープンに話し合うことができる	1	4	2.62	.85
上司は自分に仕事の目標をはっきりと示している	1	4	2.31	.84
上司は新しいアイデアや提案を聞き入れてくれる	1	4	2.48	.78

N=2,024

表7-2　革新的職場風土の記述統計量

	最小値	最大値	平均値	標準偏差
革新的職場風土	1	4	2.41	.55
新しいことに挑戦することが、歓迎されている	1	4	2.59	.78
自分の会社の意思決定は速いと思う	1	4	2.19	.78
新しいアイデアを得るため、社外に出ることが歓迎されている	1	4	2.20	.78
プロジェクトチームのメンバーは、目標に向かって一致団結している	1	4	2.40	.76
プロジェクトチームでは、仕事についてオープンに話し合うことができる	1	4	2.66	.77

N=2,024

(2) 革新的職場風土

　本書では、革新的職場風土を「職場全体にスピード感があり、新奇性のある成果を生み出すことに共通の価値を置いており、またそれらの認識を職場成員が共有している状態」と捉える。測定項目として、先行研究（例えばHamel & Green, 2007）を参考に、以下を採用する。すなわち「新しいことに挑戦することが、歓迎されている」「自分の会社の意思決定は速いと思う」

「新しいアイデアを得るため、社外にでることが歓迎されている」「プロジェクトチームのメンバーは、目標に向かって一致団結している」および「プロジェクトチームでは、仕事についてオープンに話し合うことができる」の5項目である。項目間の相関係数を求めたところ $r=.26$ ($p<.001$) から .62 ($p<.001$) とばらつきがあるものの、ある程度の相互関連性のあることを確認した。また、合成変数の信頼性係数 a の値は .75であり、一定の内的整合性が確保できていると判断できた。このため本章の分析では、5項目の平均値を革新的職場風土得点として用いる。革新的職場風土と構成項目の記述統計量を、表7-2に示す。

第3節 分析結果

分析の手順は、以下の通りである。まず、仮説5「上司サポートは、能力発揮の限界感と負の関係にある」、仮説6「上司サポートは、能力発揮の効力感と正の関係にある」、仮説9「革新的職場風土は、能力発揮の限界感と負の関係にある」および、仮説10「革新的職場風土は、能力発揮の効力感と正の関係にある」を検証するため、上司サポートおよび革新的職場風土と能力限界感との相関分析を行う。次に、上司サポートおよび革新的職場風土が、加齢に伴うIT技術者の能力限界感に与える影響を調整することを検討するため（仮説7、仮説8、仮説11および仮説12）、階層的重回帰分析を行う。

(1) 上司サポートおよび革新的職場風土と能力限界感の関係

まず、上司サポートおよび革新的職場風土と能力限界感の関係を検討するため、相関分析を行った。結果は表7-3に示すとおりである。

表7-3より、上司サポートと革新的職場風土は、ともに能力発揮の限界感と負の相関係数を示した。これより、上司サポートが厚く、革新的職場風土を知覚しているIT技術者ほど能力発揮の限界感が低いことがわかる。また、上司サポートと革新的職場風土は、ともに能力発揮の効力感（汎用的能力、専門的能力（現在）、専門的能力（高度）、職業的能力）と正の相関係数を示した。これは、上司サポートが厚く、革新的職場風土を知覚しているIT技術

表7-3 上司サポートおよび革新的職場風土と、能力
発揮の限界感および効力感との相関係数

	上司サポート	革新的職場風土
能力発揮の限界感	-.25***	-.20***
能力発揮の効力感		
汎用的能力	.32***	.28***
専門的能力（現在）	.25***	.20***
専門的能力（高度）	.19***	.16***
職業的能力	.22***	.19***
上司サポート	―	.61***

＊＊＊$p<.001$　$N=2,024$

者ほど能力発揮の効力感が高いことを意味する。この結果、仮説5、仮説6、仮説9および仮説10は支持された。

(2) 職場環境要因の調整効果の検討（能力発揮の限界感）

能力発揮の限界感に対する年齢の正の影響が、職場環境要因により緩和されるかを検討するため、以下の手順で階層的重回帰分析を行った。まず、従属変数を能力発揮の限界感とし、統制変数として性別、年齢、学歴、採用形態、職階、年収、企業規模、残業時間、および地域を重回帰式に投入する（model1）。次に、独立変数として上司サポートおよび革新的職場風土を投入する（model2）。最後に、上司サポートおよび革新的職場風土が、年齢がIT技術者の能力限界感に与える影響を調整するかを検討するため、年齢、上司サポートおよび革新的職場風土をZ変換したうえで、年齢×上司サポート、および年齢×革新的職場風土の交互作用項を投入した（model3）。重回帰分析の結果を表7-4に示す。

まず、model1では統制変数の9項目、すなわち性別、年齢、学歴、採用形態、職階、年収、企業規模、残業時間および地域を投入した。その結果、性別と年齢が、能力発揮の限界感と有意な正の関連を示すとともに、学歴、採用形態および年収が、能力発揮の限界感と有意な負の関連を示した。これは、女性は男性に比べて能力発揮の限界感が高く、加齢に伴い能力発揮の限界感が高まることを意味する。また、新卒採用よりも中途採用の方が、大学

表7-4 能力発揮の限界感を従属変数とする重回帰分析の結果
（職場環境要因）

	model1	model2	model3
性別（1＝女性）	.10***	.12***	.12***
年齢	.16***	.16***	.16***
学歴			
中高卒	-.01	-.01	-.01
専門短卒	-.02	-.02	-.02
修士	-.06**	-.06**	-.06*
博士	-.04	-.03	-.02
採用形態（1＝中途）	-.06*	-.07**	-.07**
職階（1＝部課長レベル）	-.03	.00	.00
年収	-.11***	-.06*	-.07*
企業規模	.03	.02	.01
残業時間	.02	.01	.01
地域			
北海道・東北	-.01	-.02	-.02
中部	.00	-.01	-.02
近畿	.01	.01	.01
中国・四国	.02	.02	.02
九州・沖縄	-.02	-.03	-.02
職場環境要因			
上司サポート		-.20***	-.19***
革新的職場風土		-.09**	-.10***
交互作用項			
年齢×上司サポート			.10***
年齢×革新的職場風土			-.09**
調整済み R^2	.03***	.09***	.10***

***$p<.001$ **$p<.01$ *$p<.05$ †$p<.10$　VIF値＝1.0～1.9
学歴の基準カテゴリーは「大学卒」。地域の基準カテゴリーは「首都圏」。表中の数字は標準化係数β値を表す。以降の結果表も同様。

卒よりも修士卒の方が、そして年収が高い方が、能力発揮の限界感が低い。

　次に、model2で職場環境要因の2項目、すなわち上司サポートと革新的職場風土を投入した。その結果、上司サポートと革新的職場風土が、ともに能力発揮の限界感と有意な負の関連を示した。これは、上司サポートが厚く、革新的職場風土を知覚するほど能力発揮の限界感の知覚は低下することを意味する。この結果は、仮説5および仮説9を支持するものである。

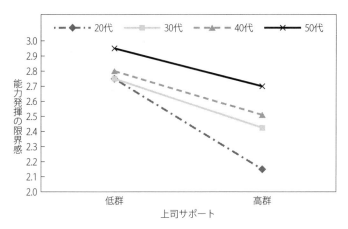

図7-1　能力発揮の限界感の平均値（上司サポート×年代）

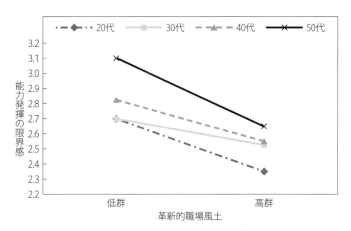

図7-2　能力発揮の限界感の平均値（革新的職場風土×年代）

　最後に、model3で交互作用項を投入した。その結果、2つの交互作用項がともに能力発揮の限界感と負の関連を示した。この結果の意味を検討するため、上司サポートおよび革新的職場風土の得点を、それぞれの分布が等しくなるように2群（高群／低群）に分け、また年齢を10歳ごとの年齢階級に分けて、それぞれの能力発揮の限界感の平均値を算出した。平均値をプロッ

トしたものが、図7-1および図7-2である。

図7-1から、20代の傾きが、他の年代に比べて大きいことがわかる。また、図7-2を見ると、50代の傾きが、若干ではあるが他の年代に比べて大きい。これらの結果は、年齢が能力発揮の限界感に及ぼす正の影響を、上司サポートおよび革新的職場風土が緩和することを示唆するものである。従って、仮説7および仮説11は支持された。

(3) 職場環境要因の調整効果の検討（能力発揮の効力感）

次に、能力発揮の効力感に対する年齢の負の影響が、職場環境要因により緩和されるかを検討するため、先と同様の手順で階層的重回帰分析を行った。汎用的能力、専門的能力（現在）、専門的能力（高度）および職業的能力を従属変数とする重回帰分析の結果をまとめて示したのが、表7-5である。なお、model1からmodel3にかけて、従属変数と有意な関連を示す統制変数および職場環境要因変数は変化しなかったため、model3の結果だけを表に示した。

まず、統制変数と能力発揮の効力感との関連を見ると、性別は専門的能力（現在）、専門的能力（高度）および職業的能力と負の有意な関連を示した。これは、女性の方がこれらの能力に対する効力感が低いことを意味する。次に、年齢、採用形態、職階および年収がすべての能力と正の有意な関連を示した。これは、年齢および年収が高いほど能力発揮の効力感が高く、新卒より中途、また担当者レベルより部課長レベルの方が、能力発揮の効力感が高いことを意味する。さらに学歴に関して、大学卒に比べ専門学校・短大卒の方が、専門的能力（現在）および職業的能力は高い。企業規模は、職業的能力と負の有意な関連を示した。これは、企業規模が大きいほど職業的能力が低いことを意味する。

次に、上司サポートおよび革新的職場風土と能力発揮の効力感との関連を確認する。上司サポートはすべての能力と正の有意な関連を示す一方、革新的職場風土は汎用的能力および職業的能力とだけ正の有意な関連を示した。

最後に交互作用項の調整効果を見ると、年齢×上司サポートはすべての能力と負の有意な関連を示す一方、年齢×革新的職場風土は職業的能力とだけ正の有意な関連を示した。この結果の意味を検討するため、上司サポートお

表7-5　能力発揮の効力感を従属変数とする重回帰分析の結果（職場環境要因）

	汎用的能力	専門的能力（現在）	専門的能力（高度）	職業的能力
性別（1＝女性）	-.01	-.05*	-.17***	-.12***
年齢	.22***	.16***	.15***	.16***
学歴				
中高卒	-.02	-.01	-.02	-.04†
専門短卒	.04†	.05*	.03	.05*
修士	.03	.02	.01	.03
博士	.00	-.01	.02	.02
採用形態（1＝中途）	.10***	.10***	.11***	.16***
職階（1＝部課長レベル）	.11***	.08**	.09***	.11***
年収	.15***	.11***	.10**	.17***
企業規模	.03	-.02	.02	-.06**
残業時間	.04†	-.01	-.01	.01
地域				
北海道・東北	-.01	.02	.02	.01
中部	.00	.00	.02	.02
近畿	.00	.04†	.04†	.03†
中国・四国	-.03	.01	-.01	.01
九州・沖縄	.02	.02	.04†	.01
職場環境要因				
上司サポート	.22***	.20***	.15***	.15***
革新的職場風土	.09***	.05†	.04	.06*
交互作用項				
年齢×上司サポート	-.05*	-.10***	-.06*	-.08**
年齢×革新的職場風土	.01	.03	.01	.06*
調整済み R^2	.26***	.16***	.17***	.24***

***$p<.001$ **$p<.01$ *$p<.05$ †$p<.10$　VIF値＝1.0-1.9

よび革新的職場風土の得点を、それぞれの分布が等しくなるように2群（高群／低群）に分け、また年齢を10歳ごとの年代に分けて、それぞれの能力の平均値を算出した。平均値をプロットしたものが、図7-3および図7-4である。

　図7-3を見ると、汎用的能力に関しては年代の傾きに大きな差は見られないものの、専門的能力（現在）、専門的能力（高度）および職業的能力では、50代の傾きが他の年代より小さいことがわかる。また、専門的能力（現在）では20代の傾きが最も大きく、職業的能力では30代の傾きが最も大きい。これらの結果は、年齢が能力発揮の効力感に及ぼす正の影響を、上司サポート

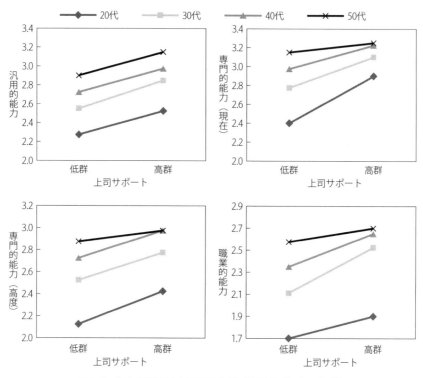

図7-3　能力発揮の効力感の平均値（上司サポート×年代）

が20代および30代においてより促進することを意味するものである。そして、その影響の仕方は能力および年代ごとに異なることが明らかになった。以上の結果、仮説8は支持された。

また、図7-4では、20代の傾きが他の年代の傾きに比べ小さい。この結果から、職業的能力に対する年齢の正の影響を、革新的職場風土が30代以降においてより高めることを意味するものである。しかし、表7-5の通り、年齢×革新的職場風土の交互作用項は汎用的能力、専門的能力（現在）および専門的能力（高度）と有意な関連を示さなかったことから、仮説10は一部支持されるに留まる。

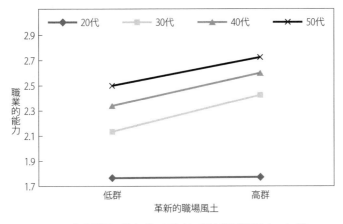

図7-4 能力発揮の効力感の平均値（革新的職場風土×年代）

第4節　小括

　本章では、職場環境要因に関する仮説の検証を行った。表7-6は、職場環境要因に関する重回帰分析の結果をまとめたものである。また、仮説の検証結果を表7-7に示す。まず、個人属性と能力限界感との関係を整理する。性別（女性）は、汎用的能力を除き、能力発揮の限界感、および能力発揮の効力感に有意な関連があることが明らかとなった。すなわち、女性であることが能力発揮の限界感を高め、また能力発揮の効力感を低下させる。また、年齢は能力発揮の限界感および能力発揮の効力感に対し正の効果を持つ。すなわち年齢が高まるほど、能力発揮の限界感が高まるとともに、能力発揮の効力感も高まる。この点は、第5章の結果と整合的である。また、特定の学歴（専門学校・短大卒、および修士）は、能力発揮の効力感と有意な関連があることが確認された。特に、能力発揮の限界感は修士が大学卒より低い一方、専門的能力（現在）および職業的能力は、専門学校・短大卒が大学卒より高いことから、高学歴であるほど能力発揮の効力感が高いとは言い切れない。採用形態（中途）および年収は、能力発揮の限界感に対して負の効果を持ち、能力発揮の効力感に対して正の効果を持つことが明らかになった。これは、

表7-6　仮説検証の結果表（職場環境要因）

	能力発揮の限界感	能力発揮の効力感			
		汎用的能力	専門的能力（現在）	専門的能力（高度）	職業的能力
性別（1＝女性）	＋	−	−	−	−
年齢	＋	＋	＋	＋	＋
学歴					
中高卒					
専門短卒			＋		＋
修士	−				
博士					
採用形態（1＝中途）	−	＋	＋	＋	＋
職階（1＝部課長レベル）		＋	＋	＋	＋
年収	−	＋	＋	＋	＋
企業規模					−
残業時間					
地域					
職場環境要因					
上司サポート	−	＋	＋	＋	＋
革新的職場風土	−	＋			＋
交互作用項					
年齢×上司サポート	＋	−	−	−	−
年齢×革新的職場風土	−				＋

5％水準で統計的に正の有意な関連性が認められた箇所に＋の記号を、5％水準で統計的に負の有意な関連性が認められた箇所に−の記号を記した

　転職者ほど、また年収が高いほど、能力限界感が低いことを意味する。職階（部課長レベル）は、能力発揮の効力感に対して正の関連を示した。これは、能力発揮の効力感が高い者が昇進している結果と解釈できる。企業規模は、職業的能力と負の関連を示した。これは、企業規模が大きいほど、技術者としての通用度の自信が低くなることを意味する。大企業であるほど、担当業務が細分化され専門性が高まる一方、専門性の幅が極度に限定（タコツボ化）される。それゆえ、他部署および社外で、自身の職業能力が通用しないのではないかと考える者が多くなると考えられる。
　次に、職場環境要因と能力限界感の関係を整理する。上司サポートは能力発揮の限界感に対して負の効果を持ち、能力発揮の効力感に正の効果を持つ。

表7-7　職場環境要因に関する仮説の検証結果

仮説5	上司サポートは、能力発揮の限界感と負の関係にある	支持
仮説6	上司サポートは、能力発揮の効力感と正の関係にある	支持
仮説7	能力発揮の限界感に対する年齢の影響は、上司サポートにより調整される。	支持
仮説8	能力発揮の効力感に対する年齢の影響は、上司サポートにより調整される	支持
仮説9	革新的職場風土は、能力発揮の限界感と負の関係にある	支持
仮説10	革新的職場風土は、能力発揮の効力感と正の関係にある	一部支持*
仮説11	能力発揮の限界感に対する年齢の影響は、革新的職場風土により調整される	支持
仮説12	能力発揮の効力感に対する年齢の影響は、革新的職場風土により調整される	一部支持**

＊汎用的能力および職業的能力において支持された
＊＊職業的能力において支持された

一方、革新的職場風土は能力発揮の限界感に対して負の効果を持つが、能力発揮の効力感に対する正の効果は限定的（汎用的能力および職業的能力）である。すなわち、上司サポートと革新的職場風土はともに能力発揮の限界感を減少させる効果を持ち、上司サポートは能力発揮の効力感を高める。

　最後に、職場環境要因と年齢の交互作用項と能力限界感との関係を整理する。分析の結果、職場環境は、年齢が能力限界感に及ぼす影響を調整することが明らかになったが、調整の仕方は、上司サポートおよび革新的職場風土で異なる。具体的には、上司サポートは年齢が能力発揮の限界感に及ぼす正の影響を緩和し、年齢が能力発揮の効力感に及ぼす正の影響をより促進する。一方、革新的職場風土は、年齢が能力発揮の限界感に及ぼす正の影響を緩和するものの、年齢が能力発揮の効力感に及ぼす影響を促進する効果は限定的（職業的能力のみ）である。この結果から、年齢と能力限界感との関係を調整する職場環境要因には、限界感を調整する抑制要因（ここでは、上司サポートと革新的職場風土が該当）と、効力感を調整する促進要因（ここでは、上司

サポートが該当）の2次元で捉えることが可能であることが示唆される。また以上の結果は、加齢に伴い、一律的に能力限界感は低下するものではなく、職場環境要因から影響を受けるはずであるという、本書の主張と整合的である。

第8章 産業構造要因に関する実証分析

第1節 はじめに

　第4章において、IT産業特有の産業構造要因に関する仮説モデルを構築した。産業構造要因に関する仮説では、1）受託ソフトウェア業内の下請け企業で働くIT技術者と、元請け企業で働くIT技術者、および2）受託ソフトウェア業のIT技術者と、製造業の研究開発技術者の、能力限界感の差に注目する。具体的には、1）下請け企業で働くIT技術者の能力限界感は、元請け企業で働くIT技術者よりも高く、2）受託ソフトウェア業のIT技術者の能力限界感は、製造業の研究開発技術者よりも高い。また、その理由は、IT産業特有の分業構造に関わる要因、すなわち個々の技術者の自律性や、時間的余裕が制限されることにより説明されるというものである。本章では、産業構造要因に関する仮説（仮説13から仮説24）を、定量的データを用いて検証する。第2節で分析に用いる変数の定義と操作化を行い、続く第3節では、t検定および重回帰分析を用いた分析結果を示す。

第2節　分析概念の操作化

(1) 対象

　分析に用いるデータは、これまでの分析で使用してきたものと同様、インターネット調査「研究開発職の働き方に関する調査」によって収集されたデータである。このうち本章では、受託ソフトウェア業で働くIT技術者と、製造業の研究開発技術者を分析対象とする。さらに、受託ソフトウェア業内の下請け企業で働くIT技術者と、元請け企業のIT技術者を特定し、それぞれ分類して用いる。分類の方法は、次の通りである。

　まず、IT産業特有の分業構造を形作る企業は、IT産業の中でも、ユーザー企業向けのソフトウェア開発（受託ソフトウェア開発）を担う企業に限定される。すなわち、ユーザー側の企業は分業構造の外側に位置するため、そこに勤務するIT技術者は、本章における分析対象から外す必要がある。そこで、収集されたデータから、業種が「通信・IT関連サービス（$N=1,560$）」のうち、さらに職種が「ソフトウェア開発（顧客向け）（$N=611$）」および「システム開発・管理（顧客向け）（$N=836$）」を抽出した。これを、受託ソフトウェア業のIT技術者（$N=1,147$）として用いる。受託ソフトウェアのIT技術者（$N=1,147$）は、IT技術者（職種がソフトウェア開発）全体（$N=2,024$）の56.67％に該当する。表2-5および表2-6より、我が国におけるIT人材総数（推定1,118,000人）のうち、受託ソフトウェア業のIT人材数（推定566,613人）が占める割合は50.68％である。これを踏まえると、ここで抽出した受託ソフトウェア業のIT技術者の割合は、ある程度妥当であるといえる。

　次に、分業構造内における位置を特定するために、企業規模、残業時間および年収を用いる。一般的に、分業構造内の位置を特定する方法として、峰滝・元橋（2007）のように財務的指標を用いることが多い。しかし、藤本（2009）が指摘するように、作業上の下請け（ゼネコン型、コンサル型、メーカー直接型およびユーザー直接型の取引形態が該当）を統計的に把握することは容易ではなく、財務的指標では、これを把握することはできない。一方、第2章において、IT産業における下請け企業の特徴は、企業規模が小さく、

表8-1 本章の分析対象

対象	N
受託ソフトウェア業のIT技術者	1,147
下請け企業のIT技術者	244
元請け企業のIT技術者	903
製造業の研究開発技術者	784
合計	1,931

また下請け企業で働くIT技術者ほど労働時間が長く、賃金水準が低いことを明らかにした。そこで、本章の分析においては、分業構造内の位置を特定する代理指標として企業規模、残業時間および年収を採用する。具体的には、受託ソフトウェア業で働くIT技術者のうち、企業規模が1,000人以下、かつ年収が500万円未満、かつ残業時間が31時間以上を下請け企業のIT技術者として特定した。また、それ以外を元請け企業のIT技術者とした。その結果、下請け企業のIT技術者は$N=244$、元請け企業のIT技術者は$N=903$となった。なお、分業構造内には中間的な位置にいるIT企業も存在するが、必要以上に分析が複雑化することを避けるため、本書では下請け企業と元請け企業の2分類に留める。下請け企業のIT技術者が、元請け企業のIT技術者に比べ数が少ないことから、実態としての中間請け企業は、本書の分類上における元請け企業に含まれると考えられる。

最後に、製造業の研究開発技術者を特定するため、業種が「製造業（$N=1,793$）」、かつ職種が「研究開発（$N=1,126$）」を抽出した。これを、製造業の研究開発技術者（$N=784$）として用いる。以上の結果をまとめた表が、表8-1である。

(2) 自律性

本書では、自律性を、自己決定理論（Self-determination theory, Ryan & Deci, 2000）で使用される自律性概念として捉える。Ryan & Deci（2000）は、自己決定理論において自律性の欲求などの基本的欲求が充足されることにより、ウェルビーイング（個人が完全に機能している状態）の高まることを仮定

表8-2　自律性の記述統計量

	最小値	最大値	平均値	標準偏差
自律性	1	4	2.73	.63
仕事のやり方を自分で決める機会が多い	1	4	2.83	.78
職場では自由に自分の意見や考えを言うことができる	1	4	2.87	.76
自分の仕事のやり方についていろいろと意見を言うことができる	1	4	2.72	.77
職場の周囲の人に対して新しいアイデアを提案することが多い	1	4	2.50	.77

N=1,931

している。自律性の欲求とは、自らが自らの行動の原因でありたいという欲求のことであり、内発的な動機付けの中核と考えられている。自律性の欲求が充足されている状態を測定する項目として、「仕事のやり方を自分で決める機会が多い」「職場では自由に自分の意見や考えを言うことができる」「自分の仕事のやり方についていろいろと意見を言うことができる」および「職場の周囲の人に対して新しいアイデアを提案することが多い」の4項目を採用した。アンケートでは、各項目に対して「該当しない＝1」から「該当する＝4」までの4件法で回答を求めている。項目間の相関係数を求めたところ、$r=.50$（$p<.001$）から$r=.67$（$p<.001$）となり、一定の相互関連性のあることを確認した。また、合成変数の信頼性係数aの値は.84であり、十分な内的整合性が確保できていると判断できた。このため、本章の分析では、4項目の平均値を自律性得点として用いる。自律性と構成項目の記述統計量を、表8-2に示す。

　次に、自律性の平均値の差を確認するためt検定を行った。その結果、下請け企業のIT技術者の自律性（平均値＝2.47、標準偏差＝.62）は、元請け企業のIT技術者の自律性（平均値＝2.68、標準偏差＝.63）よりも低く、有意な差を確認した（t値＝-4.45、$p<.001$）。この結果は、IT産業の分業構造内の下位にいるIT技術者ほど自律性が制限されるという、これまで述べてきた議論と整合的である。また、受託ソフトウェア業のIT技術者の自律性（平均

表8-3 多忙感の記述統計量

	最小値	最大値	平均値	標準偏差
多忙感	1	4	2.49	.80
所定時間内に仕事が終わらないことが増えた	1	4	2.45	.88
常に納期が切迫した状態にある	1	4	2.52	.90

N=1,931

値＝2.63、標準偏差＝.63）は、製造業の研究開発技術者の自律性（平均値＝2.87、標準偏差＝.61）よりも低く、有意な差を確認した（t値＝-8.30、$p<.001$）。

(3) 多忙感

多忙感を測定する項目として、「所定時間内に仕事が終わらないことが増えた」と「常に納期が切迫した状況にある」の2項目を採用する。アンケートでは、各項目に対して「該当しない＝1」から「該当する＝4」までの4件法で回答を求めている。項目間の相関係数を求めたところ$r=.63$（$p<.001$）であり、合成変数の信頼性係数αの値は.77であった。一定の内的整合性が確保できていると判断できたため、本章の分析では、2項目の平均値を多忙感として用いる。多忙感と構成項目の記述統計量を、表8-3に示す。

次に、多忙感の平均値の差を確認するため分散分析を行った。その結果、下請け企業のIT技術者の多忙感（平均値＝2.53、標準偏差＝0.87）は、元請け企業のIT技術者の多忙感（平均値＝2.45、標準偏差＝0.79）よりも高いものの、有意差は確認されなかった。また、受託ソフトウェア業のIT技術者の多忙感（平均値＝2.47、標準偏差＝.81）は、製造業の研究開発技術者の多忙感（平均値＝2.51、標準偏差＝.79）よりも低いものの、有意差は確認されなかった。

(4) 相関

自律性および多忙感と、能力限界感との相関係数を表8-4に示す。表より、自律性と多忙感は、能力発揮の限界感と有意な相関を示した。これより、自律性が高く、多忙感の低い技術者は、能力発揮の限界感の知覚は低いことが

表8-4 自律性および多忙感と能力発揮の
限界感および効力感との相関係数

	自律性	多忙感
能力発揮の限界感	-.30***	.06**
能力発揮の効力感		
汎用的能力	.53***	-.06*
専門的能力（現在）	.44***	.01
専門的能力（高度）	.42***	.01
職業的能力	.48***	.00
自律性	―	-.02

***$p<.001$ **$p<.01$ *$p<.05$ $N=1,931$

わかる。また、自律性はいずれの能力発揮の効力感とも正の相関係数を示した。これは、自律性が高いほど、能力発揮の効力感が高いことを意味する。一方、多忙感は汎用的能力と負の相関を示したが、それ以外の能力発揮の効力感との有意な相関は見られなかった。

第3節　分析結果

(1) 能力限界感の差の検証

　仮説13「元請け企業のIT技術者より、下請け企業のIT技術者の方が、能力発揮の限界感は高い」、仮説14「元請け企業のIT技術者より、下請け企業のIT技術者の方が、能力発揮の効力感は低い」、仮説15「製造業の研究開発技術者より、受託ソフトウェア業のIT技術者の方が、能力発揮の限界感は高い」および仮説16「製造業の研究開発技術者より、受託ソフトウェア業のIT技術者の方が、能力発揮の効力感は低い」を検証するため、t検定を行った。結果を、表8-5に示す。まず、能力発揮の限界感に関しては、下請け企業のIT技術者の方が、元請け企業のIT技術者よりも平均値は高いものの、有意な差は確認されなかった。一方、受託ソフトウェア業のIT技術者は、製造業の研究開発技術者よりも能力発揮の限界感の平均値は高く、有意な差を確認した（t値$=4.45$, $p<.001$）。よって、仮説13は支持されなかったが、仮説15は支持された。

表8-5　t検定の結果（能力発揮の限界感および効力感の差）

	平均値	標準偏差	t 値（df）
能力発揮の限界感			
下請け	2.77	.88	1.81(1145)†
元請け	2.66	.87	
受託ソフトウェア業	2.68	.87	4.45(1929)***
製造業	2.50	.84	
能力発揮の効力感			
汎用的能力			
下請け	2.51	.58	−5.88(1145)***
元請け	2.74	.55	
受託ソフトウェア業	2.69	.56	−4.92(1778)***
製造業	2.81	.51	
専門的能力（現在）			
下請け	2.74	.76	−4.05(377.2)***
元請け	2.96	.74	
受託ソフトウェア業	2.91	.75	−3.31(1802)**
製造業	3.02	.66	
専門的能力（高度）			
下請け	2.43	.75	−4.80(1145)***
元請け	2.68	.74	
受託ソフトウェア業	2.63	.75	−4.18(1710)***
製造業	2.77	.73	
職業的能力			
下請け	2.10	.84	−3.77(1145)***
元請け	2.32	.80	
受託ソフトウェア業	2.27	.81	−3.07(1929)**
製造業	2.39	.83	

***$p<.001$ **$p<.01$ *$p<.05$, †$p<.10$
下請けは「下請け企業のIT技術者」（$N=244$）、元請けは「元請け企業のIT技術者」（$N=903$）、受託ソフトウェア業は「受託ソフトウェア業のIT技術者」（$N=1,147$）および製造業は「製造業の研究開発技術者」（$N=784$）を表す。以降の結果表も同様

　次に、能力発揮の効力感の平均値の差を確認すると（表8-5）、いずれの能力においても下請け企業のIT技術者の方が、元請け企業のIT技術者よりも能力発揮の効力感は低く、また受託ソフトウェア業のIT技術者の方が、製造業の研究開発技術者よりも能力発揮の効力感は低い。よって、仮説14および仮説16は支持された。

(2) 仮説17から仮説20の検討

仮説17「自律性を統制すると、分業構造上の位置（下請け vs 元請け）による、能力発揮の限界感の差の統計的有意性は消滅する」、仮説18「自律性を統制すると、分業構造上の位置（下請け vs 元請け）による、能力発揮の効力感の差の統計的有意性は消滅する」、仮説19「多忙感を統制すると、分業構造上の位置（下請け vs 元請け）による、能力発揮の限界感の差の統計的有意性は消滅する」、および仮説20「多忙感を統制すると、分業構造上の位置（下請け vs 元請け）による、能力発揮の効力感の差の統計的有意性は消滅する」を検証するため、次の手順で階層的重回帰分析を行った。まず、従属変数を能力発揮の限界感とし、独立変数として分業構造ダミー（1＝下請け企業のIT技術者、0＝元請け企業のIT技術者）を投入する（model1）。次に、能力発揮の限界感の差が、自律性および多忙感で説明されることを検討するため、自律性および多忙感を投入した（model2）。なお、統制変数として、性別、年齢、学歴、採用形態、職階、企業規模および地域を重回帰式に投入している。

また、能力発揮の効力感（汎用的能力、専門的能力（現在）、専門的能力（高度）および職業的能力）の差が、自律性および多忙感で説明されることを検討するため、それぞれの能力を従属変数とする階層的重回帰分析を、上と同様の手順で実施した。重回帰分析の結果を、表8-6に示す。

表から、model1において、分業構造ダミーと能力発揮の限界感との正の関連を確認し、分業構造ダミーと能力発揮の効力感との負の関連を確認した。これは、下請け企業のIT技術者が、元請け企業のIT技術者に比べて能力発揮の限界感が高く、効力感が低いことを意味する。model2において、自律性および多忙感を投入すると、分業構造ダミーと能力発揮の限界感との有意差は消滅し、分業構造ダミーと能力発揮の効力感（除く、専門的能力（高度））との有意差も同様に消滅した。以上の結果から、仮説17および仮説19は支持され、仮説18および仮説20は一部支持された。

(3) 仮説21から仮説24の検討

仮説21「自律性を統制すると、技術領域の違い（受託ソフトウェア業のIT

表8-6 能力発揮の限界感および効力感を従属変数とする重回帰分析の結果（分業構造上の位置：下請け vs 元請け）

	能力発揮の限界感		能力発揮の効力感							
	限界感		汎用的能力		専門的能力（現在）		専門的能力（高度）		職業的能力	
性別（1＝女性）	.15***	.16***	-.02	-.03	-.04	-.05†	-.18***	-.19***	-.12***	-.13***
年齢	.14***	.19***	.28***	.23***	.22***	.17***	.19***	.15***	.21***	.17***
学歴										
中高卒	.03	.03	-.06*	-.06*	-.03	-.03	-.02	-.02	-.04	-.04†
専門短卒	-.02	-.01	.06*	.04†	.07*	.05†	.05†	-.01	.09**	.07**
修士	-.05†	-.04	.01	.01	.03	-.05†	-.01	-.02	.02	.01
博士	-.01	.00	.00	-.02	-.01	-.02	.00	.03	.03	.02
採用形態（1＝中途）	-.07*	-.06*	.09**	.09**	.08**	.07**	.07*	.14***	.15***	.14***
職階（1＝部課長レベル）	-.03	.04	.21***	.11***	.14***	.05†	.13***	.06*	.20***	.10***
企業規模	.01	.00	.05	.07*	-.02	.00	.02	.03	-.04	-.02
地域										
北海道・東北	.00	.01	-.02	-.03	.00	-.01	.04	.03	-.04	.00
中部	.02	.00	-.04	-.03	-.05†	-.04	-.02	-.01	.04	-.03
近畿	.03	.04	.03	.02	.03	.06*	.06*	.05†	.05	.02
中国・四国	.06*	.05†	-.06*	-.05*	-.02	-.02	-.03	.03	-.02	-.02
九州・沖縄	-.01	.00	.00	-.01	-.01	.02	.04	-.03	-.01	-.02
分業構造ダミー（1＝下請け、0＝元請け）	.08**	.06*	-.06*	-.03	-.07*	-.04	-.09**	-.07**	-.06*	-.03
自律性		-.32***		.42***		.37***		.31***		.40***
多忙感		.08**		-.05*		.01		.00		.01
調整済み R^2	.03***	.13***	.20***	.36***	.11***	.24***	.16***	.24***	.20***	.34***

＊＊＊p＜.001　＊＊p＜.01　＊p＜.05　†p＜.10　VIF値＝1.0-1.4　表中の数字は標準化係数β値を表す。以降の結果表も同様

技術者 vs 製造業の研究開発技術者）による、能力発揮の限界感の差の統計的有意性は消滅する」、仮説22「自律性を統制すると、技術領域の違い（受託ソフトウェア業のIT技術者 vs 製造業の研究開発技術者）による、能力発揮の効力感の差の統計的有意性は消滅する」、仮説23「多忙感を統制すると、技術領域の違い（受託ソフトウェア業のIT技術者 vs 製造業の研究開発技術者）による、能力発揮の限界感の差の統計的有意性は消滅する」、および仮説24「多忙感を統制すると、技術領域の違い（受託ソフトウェア業のIT技術者 vs 製造業の研究開発技術者）による、能力発揮の効力感の差の統計的有意性は消滅する」を検証するため、次の手順で階層的重回帰分析を行った。まず、従属変数を能力発揮の限界感とし、独立変数として技術領域ダミー（1＝受託ソフトウェア業のIT技術者、0＝製造業の研究開発技術者）を投入する（model1）。次に、能力発揮の限界感の差が、自律性および多忙感で説明されることを検討するため、自律性および多忙感を投入した（model2）。なお、統制変数として、性別、年齢、学歴、採用形態、職階、地域、年収、企業規模および残業時間を重回帰式に投入している。

　また、能力発揮の効力感（汎用的能力、専門的能力（現在）、専門的能力（高度）および職業的能力）の差が、自律性および多忙感で説明されることを検討するため、それぞれの能力を従属変数とする階層的重回帰分析を、上と同様の手順で実施した。重回帰分析の結果を、表8-7に示す。

　表から、model1において、技術領域ダミーと能力発揮の限界感との正の関連を確認し、技術領域ダミーと能力発揮の効力感（汎用的能力および専門的能力（高度））との負の関連を確認した。これは、受託ソフトウェア業のIT技術者が、製造業の研究開発技術者に比べて能力発揮の限界感が高く、効力感が低いことを意味する。model2において、自律性および多忙感を投入すると、技術領域ダミーと能力発揮の限界感との有意差は消滅し、技術領域ダミーと能力発揮の効力感（汎用的能力および専門的能力（高度））との有意差も同様に消滅した。以上の結果から、仮説21および仮説23は支持され、仮説22および仮説24は一部支持された。

表8-7 能力発揮の限界感および効力感を従属変数とする重回帰分析の結果
（技術領域の違い：受託ソフトウェア業のIT技術者 vs 製造業の研究開発技術者）

	能力発揮の限界感	能力発揮の効力感				
		汎用的能力	専門的能力（現在）	専門的能力（高度）	職業的能力	
性別（1＝女性）	.09***	.11***	-.01	.00	-.01	-.13***	-.08***	-.10***
年齢	.17***	.20***	.19***	.17***	.17***	.15***	.16***	.15***	.17***
学歴							
中高卒	.00	.01	-.02	-.03†	-.02	-.03	-.02	-.01	-.02
専門短卒	.01	.02	.03	.02	-.05*	-.04†	.02	.06**	.04*
修士	-.04	-.02	-.02	-.02	.00	.03	-.03	.01	.05*
博士	.00	-.02	.00	.01	.02	-.01	.03	.07**	.05*
採用形態（1＝中途）	-.07†	-.08**	.08**	.09***	.07**	.08**	.07**	.12***	.13***
職階（1＝部課長レベル）	-.02	.03	.16***	.09***	.09***	.03	.09***	.04	.15***	.09***
地域							
北海道・東北	.00	.00	-.01	.00	-.01	-.02	.01	.02	.01
中部	.00	-.01	-.02	.00	.00	-.04†	-.01	.00	.01
近畿	.01	.01	.02	.02	-.05*	-.01	-.02	.00	.02
中国・四国	.02	.01	-.04†	-.03†	-.01	-.01	-.03	.02	.02
九州・沖縄	.00	.00	.00	-.01	.02	.01	-.03	.00	.00
年収	-.08*	-.02	.10***	.10**	.19***	.10**	.14***	.07*	.22***	.14***
企業規模	.02	.00	.05*	.05*	-.03	-.01	.01	.03	-.07**	-.04†
残業時間	.02	.00	.04*	.04*	-.03	.00	.02	.02	.02	.03
技術領域ダミー※	.09**	.05†	-.06†	-.03	-.03	-.05*	-.05*	-.01	-.04	.01
自律性		-.31***	.45***	.37***	.34***	.38***
多忙感		.07***	-.05**	.00	-.01	.00
調整済みR²	.03***	.12***	.20***	.38***	.17***	.25***	.16***	.26***	.24***	.36***

※※※p＜.001 ※※p＜.01 ※p＜.05, †p＜.10 VIF値＝1.0-2.3
※1＝受託ソフトウェア業のIT技術者、0＝製造業の研究開発技術者

第4節 小括

　第8章では、産業構造要因に関する仮説の検証を行った。産業構造要因に関する仮説の検証結果を表8-8に示す。まず、仮説13および仮説14は、IT産業内の分業構造上の位置による、能力発揮の限界感の差を検討するものである。仮説13については、t検定の結果、分業構造上の位置による能力発揮の限界感の差は確認できなかった（不支持）。仮説14については、t検定の結果、分業構造上の位置による能力発揮の効力感の差が確認された（支持）。仮説15および仮説16は、技術領域の違いが、能力限界感に及ぼす影響を検討するものである。仮説15および仮説16ともに、t検定の結果、製造業の研究開発技術者より、受託ソフトウェア業のIT技術者の方が、能力発揮の限界感は高く、効力感は低いことが確認された（支持）。

　仮説17から仮説20は、分業構造上の位置（下請け vs 元請け）による能力限界感の差が、自律性および多忙感で説明されることを検討するものである。仮説17および仮説19については、重回帰分析の結果、自律性および多忙感を統制することで、分業構造上の位置による能力発揮の限界感の差の統計的有意性が消滅した（支持）。一方、仮説18については、重回帰分析の結果、自律性を統制することで、分業構造上の位置による能力発揮の効力感の差は、専門的能力（高度）を除き消滅した（一部支持）。また、仮説20については、多忙感を統制すると、分業構造上の位置による、能力発揮の効力感の差（汎用的能力のみ）が消滅した（一部支持）。

　最後に、仮説21から仮説24は、技術領域の違い（受託ソフトウェア業のIT技術者 vs 製造業の研究開発技術者）による能力限界感の差が、自律性および多忙感で説明されることを検討するものである。仮説21および仮説23については、重回帰分析の結果、自律性および多忙感を統制することで、技術領域の違いによる能力発揮の限界感の差の統計的有意性が消滅した（支持）。一方、仮説22については、重回帰分析の結果、自律性を統制することで、技術領域の違いによる能力発揮の効力感の差は、汎用的能力および専門的能力（高度）において消滅した（一部支持）。また、仮説24については、多忙感を

表8-8 産業構造要因に関する仮説の検証結果

仮説13	元請け企業のIT技術者より、下請け企業のIT技術者の方が、能力発揮の限界感は高い	不支持
仮説14	元請け企業のIT技術者より、下請け企業のIT技術者の方が、能力発揮の効力感は低い	支持
仮説15	製造業の研究開発技術者より、受託ソフトウェア業のIT技術者の方が、能力発揮の限界感は高い	支持
仮説16	製造業の研究開発技術者より、受託ソフトウェア業のIT技術者の方が、能力発揮の効力感は低い	支持
仮説17	自律性を統制すると、分業構造上の位置（下請け vs 元請け）による、能力発揮の限界感の差の統計的有意性は消滅する	支持
仮説18	自律性を統制すると、分業構造上の位置（下請け vs 元請け）による、能力発揮の効力感の差の統計的有意性は消滅する。	一部支持*
仮説19	多忙感を統制すると、分業構造上の位置（下請け vs 元請け）による、能力発揮の限界感の差の統計的有意性は消滅する	支持
仮説20	多忙感を統制すると、分業構造上の位置（下請け vs 元請け）による、能力発揮の効力感の差の統計的有意性は消滅する	一部支持**
仮説21	自律性を統制すると、技術領域の違い（受託ソフトウェア業のIT技術者 vs 製造業の研究開発技術者）による、能力発揮の限界感の差の統計的有意性は消滅する	支持
仮説22	自律性を統制すると、技術領域の違い（受託ソフトウェア業のIT技術者 vs 製造業の研究開発技術者）による、能力発揮の効力感の差の統計的有意性は消滅する	一部支持***
仮説23	多忙感を統制すると、技術領域の違い（受託ソフトウェア業のIT技術者 vs 製造業の研究開発技術者）による、能力発揮の限界感の差の統計的有意性は消滅する	支持
仮説24	多忙感を統制すると、技術領域の違い（受託ソフトウェア業のIT技術者 vs 製造業の研究開発技術者）による、能力発揮の効力感の差は消滅する。	一部支持**

*　　専門的能力（高度）を除き支持された
**　 汎用的能力において支持された
***汎用的能力および専門的能力（高度）において支持された

統制すると、技術領域の違いによる、能力発揮の効力感の差（汎用的能力のみ）が消滅した（一部支持）。

第9章 考察とまとめ

　本章では、本書の結果を要約する形で改めて振り返るとともに、理論的含意、実践的含意、および今後の課題を述べる。

第1節　本書の結果の整理

　第1章において、本書の問題意識を述べるとともに、目的を提示した。すなわち、日本の技術者のキャリア発達課題、とりわけIT技術者の能力限界問題を取り上げ、年齢、職場環境、産業構造と、能力限界感との関係を探ることが本書の目的であった。特に年齢（個人的発達要因）が本人の能力限界感に及ぼす影響、そして、上司サポートおよび革新的職場風土（職場環境要因）が本人の能力限界感に与える効果、さらに、IT企業に特徴的な産業構造（産業構造要因）と本人の能力限界感との関連性を明らかにすることを本書の研究課題とした。

　第2章では、技術者を取り巻く環境と、技術者の能力限界問題に関する先行研究を幅広くレビューした。まず、技術者を取り巻く社会的環境を概観し、技術者のキャリア発達の成長と停滞の問題が、「課題先進国」日本が直面する重要課題であることを確認し、これを解決することが日本のみならず世界の国々がいずれ直面する諸問題の解決の糸口になることを述べた。また、企

業における技術者全般の人材類型および特徴を整理したうえで、本書がIT技術者に着目する根拠を示した。そして、IT技術者のキャリア形成の特徴を先行研究に基づき整理し、以下に示す本書の3つの研究課題を設定した。

　第1の研究課題は、IT技術者の年齢が、本人の能力限界感に及ぼす影響を明らかにすることであり、これを個人的発達要因に関する研究課題とした。個人的発達要因を取り上げた背景には、技術者の人材マネジメント研究で言及されてきた、日本の技術者の能力限界年齢意識の問題があった。しかし、これまでの研究には、能力限界の出現が加齢によるものか、あるいは年齢に関わらず個人差によるものかにのみ焦点があてられていた点に限界があることを批判した。本書の主張は、技術者のキャリア発達の停滞に関わる問題を解決するためには、技術者本人の意識に迫る必要があるとする点である。そこで、本書では技術者本人の能力限界の知覚に着目し、それが年齢とともにどのように変化するかを探ることとした。

　第2の研究課題は、上司サポート、職場風土等のIT技術者を取り巻く職場環境が、本人の能力限界感に与える影響を明らかにすることである。これを、職場環境要因に関する研究課題と設定した。IT技術者を対象とした先行研究では、年齢のほかに、職場環境がIT技術者の能力限界年齢意識に影響を与えることを示唆するものがあった。しかし、職場環境が能力限界年齢意識に影響することを定量的に実証した研究は乏しく、本人の能力限界感に触れたものは見当たらない。そこで本書では、本人の能力限界感に影響を及ぼす職場環境要因に着目し、定量的に検証することとした。

　第3の研究課題は、IT企業特有の産業構造と技術者本人の能力限界感との関連性を明らかにすることであり、これを産業構造要因に関する研究課題とした。我が国のIT技術者の多くは、受託ソフトウェア業に在籍し、そこにはピラミッド型の分業構造が形成されている。また、先行研究のレビューを通じて、下請け企業の企業規模は小さく、そこで働くIT技術者は、自律性および時間的余裕が制限されていることを明らかにした。そして、その状況では、設計工程やプロジェクト・マネジメントを経験できないうえ、能力向上へのモチベーションが阻害されかねないことを指摘した。そこで本書では、IT企業特有の産業構造に着目し、本人の能力限界感との関連性を明ら

かにすることとした。

　上記3つの研究課題に対応する仮説を構築するために、第3章では、本書が依拠する理論群のレビューを行った。まず、IT技術者の能力限界感を捉える概念としてケイパビリティ・ビリーフを取り上げ、能力限界感の概念操作化を行った。具体的には、ネガティブなケイパビリティ・ビリーフ（能力発揮の限界感）と、ポジティブなケイパビリティ・ビリーフ（能力発揮の効力感）の2つの側面から能力限界感を捉えることとした。つまり、本書では、能力限界を知覚する状態を「能力発揮の限界感が高く、能力発揮の効力感が低い状態」と見る。このように、能力限界感を2次元（能力発揮の限界感、能力発揮の効力感）で捉えることに加え、年齢、職場環境および産業構造の3つの視点から、複合的かつ立体的に、IT技術者のキャリア発達の成長と停滞の問題に迫る点が、本書の特徴である。

　第4章では、先にあげた3つの研究課題に対応する仮説を導出した。第1の仮説は、個人的発達要因に関するものであり、年齢が能力限界感に及ぼす影響、すなわち加齢効果を検証するものである。第2の仮説は、職場環境要因に関するものであり、第2章で行ったIT技術者の能力限界年齢意識の議論に加え、第3章でレビューしたキャリア・プラトー理論および自己効力感理論に依拠しつつ導出した。本書では、IT技術者のキャリア形成に関する先行研究のレビューを通じて、特にIT技術者の能力限界感に影響を及ぼし得る要因として、上司サポートと革新的な職場風土の2要因を取り上げた。職場環境要因に関する仮説で明らかにしたかったことは、上司サポートと革新的職場風土が能力発揮の限界感を抑制し効力感を高めることに加え、それらの要因が持つ、年齢と能力限界感との関係を調整する機能であった。なお、労働時間や職務特性等も職場環境要因として想定されるが、これらの要因は、ひとつの企業内に閉じた職場環境要因というよりもIT企業を取り巻く産業レベルの特徴であると考え、次に述べる産業構造要因の視点から分析することとした。第3の仮説は、産業構造要因に関する仮説であり、第2章で見たIT産業の産業構造の特徴を参考にし、第3章でレビューした学習性無力感理論に基づき導出を試みた。具体的には、元請け企業のIT技術者よりも下請け企業のIT技術者の方が、また製造業の研究開発技術者よりも受託ソフ

トウェア業のIT技術者の方が、能力限界感が高いことを予測する仮説である。さらに、その理由は、IT産業特有の、下請け企業における働き方の特徴、すなわち自律性が制限され、多忙感のある環境により説明される、という仮説であった。

第5章では、分析に用いるデータの概要に触れた。本書では、2012年にインターネット調査によって収集された、4,482名の技術者データを使用した。また、能力限界感を測定するための、5つの操作変数を定義した。すなわち、能力発揮の限界感（1項目）および効力感（4項目）である。能力発揮の効力感は、汎用的能力、専門的能力（現在）、専門的能力（高度）および職業的能力の4項目に分けて測定された。

第6章では、個人的発達要因に関する仮説を検証した。分析の結果、仮説は棄却されたものの、以下の3つの知見が得られた。第1に、IT技術者の能力発揮の限界感は、21歳から60歳まで高まり続ける。第2に、IT技術者の能力発揮の効力感は、40歳から50歳前後の中年期において一旦停滞傾向を示すものの、その後、再び上昇し続ける。第3に、能力発揮の限界感は、いずれの年代においてもIT技術者の方がその他の技術者よりも高く、また能力発揮の効力感は、IT技術者の方がその他の技術者よりも低い。これらの結果は、能力限界感は年齢に伴い一律に高まるものではなく、個人の置かれた環境に影響を受けるはずであるという、本書の主張を支持するものである。つまり、IT技術者特有の職場環境あるいは産業構造から受ける影響により、IT技術者の能力限界感は、その他の技術者に比べて、いずれの年代においてもネガティブであることが示唆される。その影響については、以降の職場環境要因および産業構造要因に関する仮説検証において明らかにされた。

第7章では、職場環境要因に関する仮説を検証した。結果は、上司サポートおよび革新的職場風土のいずれも、能力発揮の限界感に対して負の影響を与え、能力発揮の効力感に対して正の影響を与えるというものであった。また、職場環境要因は、年齢が能力限界感に及ぼす影響を調整することが明らかになり、さらに、その調整のされ方が、上司サポートおよび革新的職場風土では異なることがわかった。すなわち、上司サポートは年齢が能力発揮の限界感に及ぼす正の影響を緩和し、年齢が能力発揮の効力感に及ぼす正の影

響をより促進する。一方、革新的職場風土は、年齢が能力発揮の限界感に及ぼす正の影響を緩和するものの、年齢が能力発揮の効力感に及ぼす影響を促進する効果は限定的（職業的能力のみ）である。この結果から、年齢と能力限界感との関係を調整する要因には、限界感を調整する抑制要因（ここでは、革新的職場風土が該当）と、効力感を調整する促進要因（ここでは、上司サポートが該当）の2次元で捉えることが妥当であることが示唆された。以上の分析結果から、加齢に伴い、一律的に能力限界感は低下するものではなく、個人を取り巻く環境からも影響を受けるはずであるという、本書の主張は支持された。

　第8章では、産業構造要因に関する仮説を検証した。産業構造要因に関する検証は、2つのステップから成る。第1ステップは、IT産業内における分業構造上の位置（下請けvs元請け）、および技術領域の違い（受託ソフトウェア業のIT技術者vs製造業の研究開発技術者）によって、能力限界感の統計的に有意な差が生じるかを確認した。分析の結果、分業構造上の位置による比較においては、能力発揮の限界感の差は確認されなかったが、能力発揮の効力感は下請け企業の方が低いことがわかった。また、技術領域の違いによる比較においては、能力発揮の限界感および効力感ともに、受託ソフトウェア業の方が低いことが確認された。

　第2ステップは、第1ステップで得られた能力限界感の統計的有意差が、自律性および多忙感を統制することで、消滅するかを検証するものであった。分析の結果、分業構造上の位置による能力限界感の差は、専門的能力（高度）を除き、自律性を統制すると統計的に有意でなくなることが示され、分業構造上の位置による能力限界感の差が、自律性の差に起因すると説明することが可能となった。次に、技術領域の違いによる能力限界感の差は、能力発揮の限界感、汎用的能力および専門的能力（高度）において、自律性を統制すると統計的に有意ではなくなる。それゆえ、技術領域の違いによる能力限界感の差が、自律性の差に起因すると説明することが可能である。なお、多忙感に関しては、能力発揮の効力感および汎用的能力の差を説明するに留まる。以上の結果、個人的発達要因だけでなく、職場環境要因および産業構造要因も、技術者の能力限界感に影響を及ぼすはずであるという、本書の主

張は支持された。

第2節　理論的含意

(1) マネジメント研究に対する貢献

　以上の結果から、IT技術者の能力限界感は年齢（個人的発達要因）によってのみ高まるものではなく、個人の置かれた環境（職場環境要因および産業構造要因）からも影響を受けるという、本書の第1の主張は支持されたことになる。加齢に伴う能力低下の問題は、生涯発達心理学の分野において、長く議論されてきた研究テーマでもある。現在、生涯発達心理学では、加齢に伴い一律的に能力は低下するものではなく、主体性の働く余地が可塑性として織り込まれているという考え方が主流とされている（鈴木, 2008）。ここでいう主体性に、本書が拠って立つ経営学の立場から、個人を取り巻く職場環境要因あるいは産業構造要因を取り込み実証した点が、本書の第1の理論的貢献である。すなわち、技術人材マネジメント研究の文脈に、生涯発達心理学の知見を取り込み、新たな知見を創出することができたといえる。

　しかしながら、本書が取り上げた職場環境要因および産業構造要因だけでは説明できない点も残った。例えば、21-25歳台において、「現在、すでに限界を感じている」と回答した割合が、IT技術者の21.4％に対してその他の技術者（製造業の研究開発技術者）は6.7％と14.7ポイントの差があった。さらに、IT技術者の26-30歳台において、その割合は17.6％にまで一旦低下するものの、その他の技術者に同様の傾向は見られない。能力発揮の限界感の一部は、産業構造要因によって説明されることになったものの、特に若年層において大きな差が生じた理由まで明らかにできたわけではない。改めて、その理由を考察すると、21-25歳台は企業に入社直後の時期と重なることから、その時期にIT技術者はリアリティ・ショックを受け、その大きさが、その他の技術者に比べると強いことが考えられる。なぜなら、これまでの議論で繰り返し述べてきたように、IT産業特有の分業構造により、ひとつの企業内で担当できる工程はあらかじめ分業構造上の位置により限定されるものの、その事実を求職者（特に新規学卒者）に公開しているとは考え難い。この点

を検証することが先ず求められるものの、若年層における IT 技術者の能力発揮の限界感の高さを明らかにした点は、技術人材を対象としたマネジメント研究における新たな課題の発見といえる。

(2) キャリア発達研究に対する貢献

本書の第2の主張は、技術人材マネジメント研究において、能力限界年齢意識の側面からアプローチしているだけでは、技術者の能力限界問題、ひいては技術者のキャリア発達の問題を解決することはできないというものである。つまり、技術者に能力限界は訪れるか否か、また、それは何歳ごろかを問うだけでは、我が国における技術者の集合的意識を明らかにすることはできても、個人レベルの能力限界の知覚の程度は不明なままであった。第1章で見たように、技術者のキャリア発達の成長を促し停滞を解消することが、今我が国における重要課題であり、それを解決するためには、個人の能力限界感にアプローチする必要がある。さらに、技術者の能力限界問題を扱う先行研究は、記述的なものが多く、あるいは事例に基づく考察に留まるものがほとんどであった。また、技術人材のマネジメントに貢献するためには、研究によって得られる結果が今後の予測に活用できるよう、理論的アプローチに拠る仮説検証型の研究が求められる。そこで本書では、ケイパビリティ・ビリーフの概念から技術者の能力限界感を捉えることを通して、キャリア・プラトー理論および自己効力感理論に依拠した仮説を構築し、それを検証した。ケイパビリティ・ビリーフの概念を採用することにより、現実世界における一現象としての IT 技術者の能力限界の問題を、ポジティブおよびネガティブなケイパビリティ・ビリーフという2側面から捉えることを可能にした。さらに、ポジティブなケイパビリティ・ビリーフについては、先行研究の知見に基づき、4つの能力の側面から測定することができた。その結果、IT 技術者の能力限界感を、より多角的に捉えることが可能となった。

特に、分析の結果から得られた重要な知見のひとつは、年齢が高まるとともに、能力発揮の限界感と効力感が、ともに高まることが明らかになったことである。両項目の間には、ある程度の相関（相関係数 $r = -.27 \sim -.33$；表 5-10）が確認されたものの、年齢との関係を考慮すると、両項目を1次元と

して捉えることは難しい。つまり、当初、能力限界感が高い状態を、能力発揮の限界感が高く、効力感が低い状態と想定していたが、分析の結果、能力発揮の限界感が高ければ効力感が低くなるとは言い切れない。むしろ、能力発揮の限界感と効力感は、別次元のものと理解した方がよさそうである。以上の捉え方を提示できたことは、技術者のキャリア発達研究をさらに深めるための出発点になるものであり、本書の第2の理論的貢献である。

第3節　実践的含意

　我が国では、技術人材の高齢化のさらなる進行が予測されている。その中で、技術者の能力限界が、40歳前後という特定の年代で訪れるとする見方だけの議論が続けば、中高年技術者の有効活用は期待できない。技術者の成長を促し停滞を解消するために、企業が取り得るマネジメント施策の幅を広げるには、個人の能力限界感に及ぼす年齢の影響に加え、個人を取り巻く職場環境要因を明らかにすることが必要とされる。このような問題意識に立ち、本書では、個人的発達要因、職場環境要因および産業構造要因が、本人の能力限界感に及ぼす影響を明らかにした。検証の結果から得られる、3点の実践的含意を述べる。

(1) 個人的発達要因に関する実践的含意

　第1に、個人的発達要因に関する実践的含意である。本書では、IT技術者の能力発揮の限界感は、21歳から60歳まで高まり続ける一方、能力発揮の効力感も、21歳から高まり続け40歳から50歳前後で一旦停滞傾向を示すものの、その後、再び上昇し続けることが示された。これまで我が国では、技術者は40歳前後で能力限界を迎えるという言説が広く流布し、それが能力限界年齢意識として共有されてきた。しかしながら、本書の結果は、技術者本人の主観的評価において、その集合的意識の内容を否定するものとなった。つまり、我が国の技術者は、特定の年代で能力限界を一斉に知覚するわけではない。また、能力発揮の効力感にいたっては、60歳を超えても高まり続けることが明らかにされた。個人のパフォーマンスの客観的評価と主観的評価と

が密接に関連することは、これまでの人材マネジメント研究において一般的に支持されており、また自己効力感が行為の結果にポジティブな影響を与えることも知られている。つまり、能力発揮の効力感が年齢を重ねるに従い高まり続けるとする本書の結果は、技術者のパフォーマンスが、加齢に伴い衰えることがないことを示す証拠になり得るものである。一方、我が国で、40歳前後の技術者に能力限界が訪れるとする集合的意識が形成されてきたことは、これまでの研究が明らかにした事実であり、確かに本人の能力発揮の限界感は加齢に伴い高まる。一見、矛盾するこれらの2つの事実から示唆されることとして、技術者の能力限界問題には、技術者本人が保有する能力そのものに理由があるのではなく、中高年技術者に周囲が与える職務のあり方や期待のかけ方にこそ、本質的な原因があると考えられる。すなわち、本書の結果は、企業内の中高年技術者が期待されていることと、中高年技術者が発揮し得る能力とのギャップの存在を示唆するものである。そして、この点に関する組織と個人の対話を交わすことを通じて、中高年技術者のマネジメントに実践的な解決に至る道筋を示す糸口となるものである。

(2) 職場環境要因に関する実践的含意

第2に、職場環境要因に関する実践的含意である。職場環境要因に関する検証の結果、年齢と能力限界感との関係を調整する職場環境要因として、限界感を調整する抑制要因と、効力感を調整する促進要因の2次元の存在が示唆された。本書では、上司サポートおよび革新的職場風土が抑制要因の一例として、また上司サポートが促進要因の一例として示された。革新的職場風土を職場方針や作業条件と捉え、また上司サポートを承認、責任または人間関係と捉えれば、これら2つの要因は、労働者のモチベーションに影響を与える動機付け要因と、衛生要因の関係に符合する。動機付け要因とは、承認や責任等、これらの欲求が満たされると満足が得られるものであり、一方、衛生要因とは職場方針、作業条件または人間関係等、これらの欲求が満たされると不満足が解消されるという (Herzberg, 1966)。つまり、能力発揮の効力感を促進するためには、より動機付け要因的な職場環境要因の充実が求められ、また能力発揮の限界感を抑制するためには、より衛生要因的な職場環

境要因の整備が要求されると考えられる。本書では、能力限界感に影響を与える職場環境要因として、IT技術者のキャリア形成に関する先行研究の議論から、特に重要と思われる上司サポートと革新的職場風土を取り上げた。この2つの要因を、動機付け要因（効力感の促進要因）および衛生要因（限界感の抑制要因）の一例と見ることを通じて、今後の技術人材マネジメントにおける施策の幅を広げることを可能にした点が、本書の第2の実践的含意となる。

(3) 産業構造要因に関する実践的含意

第3に、産業構造要因に関する実践的含意を述べる。産業構造要因に関する仮説検証の結果、自律性を統制すると、技術者間の能力限界感の統計的有意差が消滅することが明らかになった。IT産業の分業構造内における、ヒエラルヒーの最下層にあたる下請け企業で働くIT技術者は、あらかじめ定められた仕様、納期、およびコストの中でプログラムを開発する、あたかも機械であることを強要される。それゆえ、本来IT技術者の能力開発あるいは職務遂行において重要とされる個人の自律性の発揮が、分業構造上の位置または技術領域の違いにより制約されているのではないかという問題意識に基づき、仮説を設定し検証した。結果、下請け企業のIT技術者は、確かに元請け企業のIT技術者に比べて能力限界感が高く、その差は自律性および多忙感を統制することで説明することができた。また、受託ソフトウェア業のIT技術者は、製造業の研究開発技術者よりも能力限界感が高く、その差も自律性および多忙感によって説明された。この結果から、どのように自律性を高め、また多忙感を減少させるかが、下請け企業ひいては受託ソフトウェア業で働くIT技術者のマネジメント施策上の鍵となる。

しかしながら、元請け企業のIT技術者と、下請け企業のIT技術者との比較において、自律性を統制しても、専門的能力（高度）の差は統計的な有意水準を保ったままだった。この理由を考察する。専門的能力（高度）とは、さらに高度な仕事をうまくこなすための専門知識に対する自信を指す。IT技術者のキャリア形成の特徴は、キャリアのステージごとに異なる経験を通して熟達していくことであった（金井・楠見, 2012; 平田, 2003）。ステージごと

に異なる特徴とは、ソフトウェア開発からシステム設計を経て、最終的にはプロジェクト・マネジメントに至る一連の役割を指す（西野, 2003）。つまり仕事経験を通じて、IT技術者は高度な専門的能力を獲得すると考えられるが、それが達成される前提として、経験年数とともに、担当工程が下流工程から上流工程へと移行することが想定されている。しかし、これまでの議論で繰り返し指摘されてきたことは、下請け企業のIT技術者は、構造的な理由により上流工程の経験を積むことが困難であり、それゆえ、経験を通じたより高度な専門的能力の向上が図れないという現実であった。その結果、専門的能力（高度）に対する効力感に関しては、下請け企業のIT技術者と、元請け企業のIT技術者との差が生じ、その理由が構造的なものであるために、その差は解消されることがない。以上の考察から、人事ローテーション等の施策を取り入れ幅広い経験をIT技術者に積ませることが、専門的能力を向上させる鍵であると考えられる。

第4節　残された課題

　最後に、本書における、6点の限界と課題を述べる。第1に、能力限界感の分類および測定方法に関する限界である。本書では、能力限界感を、能力発揮の限界感と能力発揮の効力感の2側面で捉え、特に効力感については汎用的能力、専門的能力（現在）、専門的能力（高度）および職業的能力の4項目で測定した。その結果、職場環境要因および産業構造要因が、それぞれの能力発揮の効力感に及ぼす影響の違いを明らかにすることができた。しかしながら、能力発揮の限界感に関しては、新規性のある概念で先行研究も乏しかったこともあり、単一概念、かつ単一項目で測定することになった。今回、能力発揮の効力感を4視点で捉え、それぞれの特徴が明らかになったことから、今後、4つの能力に対する限界感を測定することを検討したい。

　第2に、能力限界感の高まりが、技術者の行動に与える結果を明らかにすることである。本書では、個人的発達要因、職場環境要因および産業構造要因の異なるレベルから能力限界感の規定因を明らかにした。その目的は、能力発揮の限界感および効力感に影響を与える要因を明らかにすることで、技

術者の能力限界問題に対するマネジメント施策の幅を広げるためであった。そして、その議論の前提には、能力限界感は技術者にとってネガティブなものであり、能力限界感が高まれば技術者のパフォーマンスは低下するという仮定があった。しかしながら、その前提は未検証のままである。特に、中高年技術者の能力発揮の限界感と効力感が、加齢とともに高まり続けることが明らかになった今、その仮定に疑問が生じる。今後、能力発揮の限界感および効力感が、それぞれ技術者のパフォーマンスにどのような影響を及ぼすのかを明らかにする必要がある。

第3に、IT技術者の分類を、より細分化することである。本書では、IT技術者の範囲をITスキル標準で定められた職種群を全て包含するものとして定義した。実際、IT技術者は、プロジェクトごとに、あるいはプロジェクトの進捗状況に応じて担当職務が変わることが一般的であり、定常的な職種を特定することは難しい。また、職種名が同一であったとしても、企業ごとに、その職務内容は異なるため、IT技術者の職種を細分化することは難しい。しかしながら、要件定義を担当するIT技術者とプログラミングを担当する技術者とでは、明らかに求められる能力や仕事の進め方は異なる。このため、個人的発達要因、職場環境要因または産業構造要因が個人に及ぼす影響は、要件定義を担当するIT技術者とプログラミングを担当するIT技術者とでは異なる可能性が高い。今後、職種とは異なる項目、例えば最近2週間の担当職務等を採用し、検討する必要がある。

第4に、分業構造上の位置を特定する方法を、より厳密にすることである。本書では、IT産業特有の分業構造内における仕事の与えられ方が、IT技術者の能力限界感に影響を及ぼすとして、仮説を設定し検証した。ここでの本質的な主張は、下請け的な作業の与えられ方が、IT技術者の自律性や時間的余裕を制限させているというものである。それゆえ、財務的指標(外注比率または同業他社への販売比率等)では作業上の下請けを把握することは困難(藤本, 2009)であることを踏まえ、担当職務(受託ソフトウェア開発)、企業規模(1,000人以下)、年収(500万円未満)および残業時間(31時間以上)の代理指標を用いて、下請け企業のIT技術者を特定した。しかしながら、従業員数1,000人以下の企業であっても上流工程に特化したIT企業は存在するた

め、本書で用いた代理指標が、厳密に分業構造上の位置を特定するとは言い難い。加えて、IT産業の分業構造の階層は複数階層にまたがり、また派遣労働者も一定数含まれる。そのため、受託ソフトウェア業内の分業構造上の位置を代理指標で特定した点は、本書における方法論上の限界であり、今後の課題といえる。

　第5に、性別の違いを検討することである。本書のサンプルは、男性が全体の83.7％を占めており、偏りが見られた。また、サンプルに含まれる女性の平均年齢（35.3歳）も、全国の女性技術者の平均年齢（41.4歳）と比べて若く、本書の結果を直ちに一般化することはできない。さらに、男性と女性とでは、キャリア発達の過程に違いがあることが考えられる。今回、性別を統制したうえで仮説検証を実施したが、より詳細な検討を行うためには、男女別に分析することが必要である。

　最後に、時系列データを用いた分析を検討することである。本書のサンプルは、一時点における横断的データに留まり、特定の個人がいつ能力限界を知覚するかを追跡することができない。特に、本書のサンプルに含まれる技術者の年齢の分布は、第5章でも見たように、40歳前後を頂点とした正規分布に近い形状である。このような形状の分布になった理由として、能力限界を知覚した40歳以降の技術者が、技術系職種から離職または異動する可能性が考えられる。それゆえ、一定の能力発揮の効力感を保有する技術者だけが技術系職種に留まり、その結果、40歳以降も能力発揮の効力感がゆるやかに向上しているように見えている可能性を否定することはできない。この点をより詳細に検討するためには、縦断的データを収集し分析することが必要である。

参考文献

●日本語文献

朝倉隆司「ソフトウェア技術者のストレス対策（産業・経済変革期の職場のストレス対策の進め方　各論4　事業所や職種に応じたストレス対策のポイント）」『産業衛生学雑誌』44巻4号，117-124頁，2002年

荒木友希子「学習性無力感における社会的文脈の諸問題」『心理学評論』46巻1号，141-157頁，2003年

飯尾淳「IT技術者の自己研鑽に関する考察」『中央大学文学部紀要』253号，69-81頁，2014年

石田英夫編『研究開発人材のマネジメント』慶應義塾大学出版会，2002年

上野紘「ソフトウェア産業と中小企業―企業構造・地域展開の特徴を中心として」『奈良県立商科大学研究季報』1巻，107-117頁，1990年

上野紘「ソフトウェア産業の地域展開における問題性と課題―地域産業の自立化視点からの検討」『奈良県立商科大学研究季報』16巻3・4号，1-10頁，2006年

梅澤隆『情報サービス産業の人的資源管理』ミネルヴァ書房，2000年

梅澤隆・内田賢『ソフトウェアに賭ける人たち―情報サービス産業人物列伝』コンピュータ・エージ社，2001年

大島武・坪井昭彦・見舘好隆・椿明美・和田佳子・池内健治『ビジネス実務汎用的能力の抽出とその教育方法』全国大学実務教育協会，2012年

岡本祐子編『成人期の危機と心理臨床―壮年期に灯る危険信号とその援助』ゆまに書房，2005年

金井壽宏・楠見孝編『実践知―エキスパートの知性』有斐閣，2012年

倉田良樹・津崎克彦「ITエンジニアの技能形成と人材育成―その現状と課題」『JISA会報』69号，69-77頁，2003年

桑田耕太郎・田尾雅夫『組織論［補訂版］』有斐閣，2010年

経済産業省『社会人基礎力に関する研究会―「中間取りまとめ」』経済産業省社会人基礎力に関する研究会，2006年

経済産業省『産業構造審議会情報経済分科会人材育成WG報告書―次世代高度IT人材像、情報セキュリティ人材、今後の階層別の人材育成』経済産業省商務情報政策局情報処理振興課，2012年

経済産業省『特定サービス産業実態調査』経済産業省大臣官房調査統計グループ，2014年〈http://www.meti.go.jp/statistics/tyo/tokusabizi/index.html〉（2015年5月1日）

齊藤豊「ソフトウェア産業における分業とソフトウェア技術者への技術伝播の関係」『大

妻女子大学人間関係学部紀要　人間関係学研究』13号，13-24頁，2011年
坂野雄二・前田基成編『セルフ・エフィカシーの臨床心理学』北大路書房，2002年
下田博次『ソフト技術者の反乱』日本経済新聞社，1983年
下田博次『ソフト技術者が変わる―量から質の時代へ』日本経済新聞社，1988年
情報産業労働組合連合会「2012年ソフトワーカーの労働実態―情報サービス産業で働くIT技術者の賃金，労働時間」『賃金事情』（産労総合研究所）2656号，24-29頁，2013年
情報処理推進機構『IT人材白書2010』情報処理推進機構，2010年
情報処理推進機構『IT人材の育成』情報処理推進機構，2012年〈http://www.ipa.go.jp/jinzai/itss/download_V3_2011.html〉（2015年5月1日）
情報処理推進機構『IT人材白書2014』情報処理推進機構，2014年
情報処理推進機構『IT人材白書2015』情報処理推進機構，2015年
情報処理推進機構『「グローバル化を支えるIT人材確保・育成施策に関する調査」概要報告書』情報処理推進機構，2011年
白井利明・下村英雄・川崎友嗣・若松養亮・安達智子『フリーターの心理学―大卒者のキャリア自立』世界思想社，2009年
杉浦正和・枝川義邦「企業における先端技術研究者の一般性セルフ・エフィカシー」『早稲田国際経営研究』43号，81-96頁，2012年
鈴木忠『生涯発達のダイナミクス―知の多様性生きかたの可塑性』東京大学出版会，2008年
須東朋広「一般的な職業人とITエンジニアの「キャリア自律と仕事観」の違いについて」『キャリア自律と仕事観アンケート』調査から見えたITエンジニア育成の切り口〔最終報告〕」ITスキル研究フォーラム，2012年
田路則子「ハイテク産業における研究開発者のキャリア・ラダー」金井壽宏・鈴木竜太編著『日本のキャリア研究―専門技能とキャリア・デザイン』白桃書房，79-105頁，2013年
中小企業基盤整備機構『中小受託ソフトウェア企業の今後の展開―顧客の動向と組込みソフトウェアの市場性』中小企業基盤整備機構経営支援情報センター，2008年
電機連合「高付加価値技術者のキャリア開発に関する調査結果」『調査時報』374号，153-161頁，2008年
統計センター『政府統計の総合窓口（e-Stat）』2015年〈http://www.e-stat.go.jp/SG1/estat/eStatTopPortal.do〉（2015年5月1日）
内藤直人「ヒアリングから浮びあがる技術者のキャリア―求められる技術者像と育成・能力開発のあり方」中田喜文・電機総研編『高付加価値エンジニアが育つ―技術者の能力開発とキャリア形成』日本評論社，43-60頁，2009年
中原秀登「研究開発者の人材管理の国際比較」『組織行動研究』30号，73-81頁，2000年
南雲智映「ソフトウェア技術者の中高年齢化と「年齢限界説」の考察」『日本労務学会

誌』5巻2号, 11-24頁, 2003年
西野史子「IT技術者のキャリアパターン」『「ITエンジニアのスキルに関する意識とキャリア形成」調査分析報告書』一橋大学雇用政策研究会, 2003年
西田ひろ子『異文化間コミュニケーション入門』創元社、2000年
日本経済再生本部『日本再興戦略—JAPAN is BACK』日本経済再生本部, 2013年〈http://www.kantei.go.jp/jp/singi/keizaisaisei/pdf/saikou_jpn.pdf〉（2015年5月1日）
日本生産性本部『英国の技術者・日本の技術者—技術者のキャリアと能力開発』日本生産性本部, 1990a年
日本生産性本部『ドイツの技術者・日本の技術者—技術者のキャリアと能力開発』日本生産性本部, 1990b年
日本生産性本部『米国の技術者・日本の技術者—技術者のキャリアと能力開発』日本生産性本部, 1991a年
日本生産性本部「技術者のキャリアと能力開発の日米比較」『労政時報』3050号, 38-44頁, 1991b年
野村恭彦「戦略的イノベーションの成功要因—組織イノベーションを起動するイノベーションブローカー」『研究開発リーダー』4巻11号, 19-23頁, 2008年
原谷隆史・川上憲人「労働者のストレスの現状」『産業医学ジャーナル』22巻4号, 23-28頁, 1999年
廣瀬英子「進路に関する自己効力研究の発展と課題」『教育心理学研究』46巻3号, 343-355頁, 1998年
平田謙次編『我が国ITサービス市場に関するスキル動向等調査研究報告書』日本情報処理開発協会情報処理技術者試験センター, 2003年
福谷正信「開発研究者の能力開発」『組織行動研究』29号, 67-73頁, 1999年
福谷正信『研究開発技術者の人事管理』中央経済社, 2007年
藤本理弘「IT産業の分業体制の類型化」『地域政策研究』12巻1号, 185-194頁, 2009年
藤本昌代「科学技術系研究者・技術者の処遇と社会的相対性」『日本労働研究雑誌』541号, 49-57頁, 2005年
古田克利「IT技術者のキャリア・アダプタビリティの特徴—他職種との比較および職場ストレッサーとの関連に着目して」『関西外国語大学研究論集』95号, 101-117頁, 2012年
古田克利・藤本哲史・田中秀樹「ソフトウェア技術者の能力限界感の実態と要因に関する実証研究」『同志社政策科学研究』15巻1号, 29-43頁, 2013年
益田勉「キャリア・アダプタビリティと組織内キャリア発達」『人間科学研究』（文教大学）30号, 67-78頁, 2009年
松尾睦『経験からの学習—プロフェッショナルへの成長プロセス』同文舘出版, 2006年
松下由美子・田中彰子・吉田文子・杉本君代・雨宮久子「看護師のキャリア・プラトー化

に影響を及ぼす要因—A県内の病院で働く看護師を対象に」『日本看護学会論文集』41号，25-28頁，2010年

峰滝和典・元橋一之「日本のソフトウェア産業の業界構造と生産性に関する実証分析」『RIETIディスカッション・ペーパー』経済産業研究所，07-J-018，2007年

三輪卓己『ソフトウェア技術者のキャリア・ディベロップメント—成長プロセスの学習と行動』中央経済社，2001年

宮本聡介「対人認知とステレオタイプ」唐沢かおり編『朝倉心理学講座7　社会心理学』朝倉書店，15-28頁，2005年

森本千佳子・津田和彦「ITSS調査データから見るIT技術者のキャリア形成とスキルの関係」『SEC journal』9巻3号，126-133頁，2013年

守島基博「機能する職場をつくる組織開発」健康いきいき職場づくりフォーラム編『健康いきいき職場づくり—現場発組織変革のすすめ』生産性出版，84-124頁，2014年

文部科学省『平成24年版　科学技術白書』文部科学省、2012年

文部科学省『平成25年版　科学技術白書』文部科学省、2013年

文部科学省『キャリア発達にかかわる諸能力の育成に関する調査研究報告書』文部科学省国立教育政策研究所生徒指導研究センター，2011年

山本寛『昇進の研究［三訂版］—キャリア・プラトー現象の観点から』創成社，2003年

山本寛『働く人のためのエンプロイアビリティ』創成社，2014年

●外国語文献

Abelson, R. P. 1986: Beliefs are Like Possessions. *Journal for the Theory of Social Behaviour* 16(3), 223-250.

Allen, J. & Grip, A. 2007: Skill Obsolescence, Lifelong Learning and Labor Market Participation. *Research Centre for Education and the Labour Market* 6, 1-23.

Arthur, M. B. 1994: The Boundaryless Career: A New Perspective for Organizational Inquiry. *Journal of Organizational Behavior* 15(4), 295-306.

Ashley, R. 1998: Enhancing Your Employability: *How to Improve Your Prospects of Achieving a Fulfilling and Rewarding Career*. How to Books.

Bandura, A. 1977: Self-Efficacy: Toward a Unifying Theory of Behavioral Change. *Psychological Review* 84(2), 191-215.

Bandura, A. 1986: *Social Foundations of Thought and Action: A Social Cognitive Theory*. Prentice Hall.

Bandura, A. 1995: *Self-Efficacy in Changing Societies*. Cambridge university press.

Bandura, A. 1997: *Self-Efficacy: The Exercise of Control*. W. H. Freeman and Company.

Bardwick, J. M. 1986: *The Plateauing Trap*. Amacon.

Barling, J. & Beattie, R. 1983: Self-Efficacy Beliefs and Sales Performance. *Journal of*

Organizational Behavior Management 5(1) 41-51.

Betz, N. E. & Hackett, G. 1986: Applications of Self-Efficacy Theory to Understanding Career Choice Behavior. *Journal of Social and Clinical Psychology* 4(3), 279-289.

Bridges, W. 1980: Transitions: Making Sense of Life's Changes, Addison-Wesley.

Bush, J. V., Powell, N. J. & Herzberg, G. 1993: Career Self-Efficacy in Occupational Therapy Practice. *The American Journal of Occupational Therapy* 47(10), 927-933.

Chao, G. T. 1990: Exploration of the Conceptualization and Measurement of Career Plateau: A comparative analysis. *Journal of Management* 16(1), 181-193.

Chay, Y. W., Aryee, S. & Chew, I. 1995: Career Plateauing: Reactions and Moderators among Managerial and Professional Employees. *The International Journal of Human Resource Management* 6(1), 61-78.

Cron, W. L., & Slocum, J. W. 1992: Career plateauing. in *Encyclopedia of career change and work issues*, eds. by Jones, L. K., Oryx, 54-56.

Cusumano, M. A. 1991: *Japan's Software Factories: A Challenge U.S. Management*. Oxford University Press.

Cusumano, M. A. 2004: The Business of Software. Simon & Schuster.

Devine, P. G. 1989: Stereotypes and prejudice: Their automatic and controlled components. *Journal of Personality and Social Psychology* 56(1), 5-18.

Ference, T. P., Stoner, J. A. F. & Warren, E. K. 1977: Managing the Career Plateau. *Academy of Management Review* 2(4), 602-612.

Fishbein, M. & Ajzen, I. 1975: *Belief, Attitude, Intention and Behavior: An Introduction to Theory and Research*. Addison-Wesley.

Ford, M. E. 1992: Motivating Humans: Goals, Emotions, and Personal Agency Beliefs. Sage.

Greer, J. G. & Wethered, C. E. 1984: Learned Helplessness: A Piece of the Burnout Puzzle. *Exceptional Children* 50(6), 524-530.

Hackett, G. & Betz, N. E. 1981: A Self-Efficacy Approach to the Career Development of Women. *Journal of Vocational Behavior* 18(3), 326-339.

Hackett, G., Lent, R. W. & Greenhaus, J. H. 1991: Advances in Vocational Theory and Research: A 20-Year Retrospective. *Journal of Vocational Behavior* 38(1), 3-38.

Hackett, G. & Watkins, C. E. Jr. 1995: Research in Career Assessment: Abilities, Interests, Decision Making, and Career Development. in *Handbook of Vocational Psychology: Theory, Research, and Practice(3ed ed.)*, eds. by Walsh, W. B. & Osipow, S. H., Lawrence Erlbaum Associates, 181-215.

Hall, D. T. 1976: *Careers in Organizations*. Scott Foresman.

Hamel, G. & Green, B. 2007: *The Future of Management*. Harvard business school press.

Harzberg, F. 1966: *Work and the Nature of Man*. Workd Publishing.

Horn, J. L. & Cattell, R. B. 1967: Age Differences in Fluid and Crystallized Intelligence. *Acta Psychologica* 26(2), 107-129.

Landino, R. A. & Owen, S. V. 1988: Self-Efficacy in University Faculty. *Journal of Vocational Behavior* 33(1), 1-14.

Lapalme, M., Tremblay, M. & Simard, G. 2009: The Relationship between Career Plateauing, Employee Commitment and Psychological Distress: the Role of Organizational and Supervisor Support. *The International Journal of Human Resource Management* 20(5), 1132-1145.

Lee, P. C. B. 2003: Going beyond Career Plateau: Using Professional Plateau to Account for Work Outcomes. *Journal of Management Development* 22(6), 538-551.

Lent, R. W. & Hackett, G. 1987: Career Self-Efficacy: Empirical Status and Future Directions [Monograph]. *Journal of Vocational Behavior* 30(3), 347-382.

McCormick, K. 1995: Career Paths, Technological Obsolescence and Skill Formation: R & D Staff in Britain and Japan. *R & D Management* 25(2), 197-211.

Peterson, C. & Seligman, M. E. P. 1984: Learned Helplessness and Victimization. *Journal of Social Issues* 39(2), 103-116.

Peterson, C. 2006: A Primer in Positive Psychology. Oxford University Press.

Ryan, R. M. & Deci, E. L. 2000: Self-Determination Theory and the Facilitation of Intrinsic Motivation, Social Development, and Well-Being. *American Psychologist* 55(1), 68-78.

Savickas, M. L. 2005: The Theory and Practice of Career Construction. in *Career Development and Counseling: Putting Theory and Research to Work*, eds. by Brown, S. D. & Lent, R. W., John Wiley & Sons, 42-70.

Schaie, K. W. 2005: *Developmental Influences on Adult Intelligence: The Seattle Longitudinal Study*. Oxford University Press.

Schein, E. H. 1978: Career Dynamics: *Matching Individual and Organizational Needs*. Addison-Wesley.

Schoen, L. G. & Winocur, S. 1988: An Investigation of the Self-Efficacy of Male and Female Academics. *Journal of Vocational Behavior* 32(3), 307-320.

Seligman, M. E. P. & Maier, S. F. 1967: Failure to Escape Traumatic Shock. *Journal of Experimental Psychology* 74(1), 1-9.

Super, D. E., Savickas, M. L. & Super, C. M. 1996: The Life-Span, Life-Space Approach to Careers. in *Career Choice and Development(3ed ed.)*, eds. by Brown, D., Brooks, L. & Associates, Jossey-Bass, 121-178.

Tremblay, M., Roger, A. & Toulouse, J. M. 1995: Career Plateau and Work Attitudes: An

Empirical Study of Managers. *Human Relations* 48(3), 221-238.

Vasil, L. 1992: Self-Efficacy Expectation and Causal Attributions for Achievement among Male and Female University Faculty. *Journal of Vocational Behavior* 41(3), 259-269.

Wickramasinghe, V. & Jayaweera, M. 2010: Impact of Career Plateau and Supervisory Support on Career Satisfaction: A Study in Offshore Outsourced IT Firms in Sri Lanka. *Career Development International* 15(6), 544-561.

●著者紹介
古田克利（ふるた・かつとし）

関西外国語大学英語キャリア学部専任講師
1997年、和歌山大学経済学部産業工学科卒業。
2007年、大阪府立大学大学院経済学研究科修士
課程修了。2015年、同志社大学大学院総合政策
科学研究科博士課程修了。博士（技術・革新的経営）。

IT技術者の能力限界の研究
──ケイパビリティ・ビリーフの観点から

2017年2月25日　第1版第1刷発行

著　者	古田克利
発行者	串崎　浩
発行所	株式会社 日本評論社
	〒170-8474 東京都豊島区南大塚3-12-4
	電話 03-3987-8621 ［販売］
	-8601 ［編集］
	振替 00100-3-16
印刷所	港北出版印刷株式会社
製本所	牧製本印刷株式会社
装　幀	銀山宏子

検印省略 ⓒK.Furuta 2017 Printed in Japan
ISBN978-4-535-55878-6

JCOPY 〈(社)出版者著作権管理機構 委託出版物〉
本書の無断複写は著作権法上での例外を除き禁じられています。複写される場合は、そのつど事前に、(社)出版者著作権管理機構（電話 03-3513-6969、FAX 03-3513-6979、e-mail: info@jcopy.or.jp）の許諾を得てください。また、本書を代行業者等の第三者に依頼してスキャニング等の行為によりデジタル化することは、個人の家庭内の利用であっても一切認められておりません。